아무도 가르쳐 주지 않는

글로벌 프로젝트 관리

**글로벌 프로젝트에서 배우는
프로젝트 관리 노하우**

아무도 가르쳐 주지 않는
글로벌 프로젝트 관리

**글로벌 프로젝트에서 배우는
프로젝트 관리 노하우**

지은이 강청운, 박재형

펴낸이 박찬규   엮은이 전이주   디자인 북누리   표지디자인 Arowa & Arowana

펴낸곳 위키북스   전화 031-955-3658, 3659   팩스 031-955-3660
주소 경기도 파주시 문발로 115, 311호(파주출판도시, 세종출판벤처타운)

가격 20,000   페이지 176   책규격 152 x 210mm

초판 발행 2020년 10월 07일
ISBN 979-11-5839-225-3 (93000)

등록번호 제406-2006-000036호   등록일자 2006년 05월 19일
홈페이지 wikibook.co.kr   전자우편 wikibook@wikibook.co.kr

Copyright © 2020 by 강청운, 박재형
All rights reserved.
First published in Korea in 2020 by WIKIBOOKS

이 책의 한국어판 저작권은 저작권자와 독점 계약으로 위키북스가 소유합니다.
신저작권법에 의해 한국 내에서 보호를 받는 저작물이므로 무단 전재와 복제를 금합니다.
이 책의 내용에 대한 추가 지원과 문의는 위키북스 출판사 홈페이지 wikibook.co.kr이나
이메일 wikibook@wikibook.co.kr을 이용해 주세요.

이 도서의 국립중앙도서관 출판시도서목록 CIP는
서지정보유통지원시스템 홈페이지(http://seoji.nl.go.kr)와
국가자료공동목록시스템(http://www.nl.go.kr/kolisnet)에서 이용하실 수 있습니다.
CIP제어번호 CIP2020040375

아무도 가르쳐 주지 않는
글로벌 프로젝트 관리

글로벌 프로젝트에서 배우는
프로젝트 관리 노하우

강청운, 박재형 지음

위키북스

저자 강청운은 글로벌 ICT 선도 기업인 LG CNS에서 20여 년간 프로젝트 관리 분야 업무를 수행했다. 초기 10년간은 국내 프로젝트를 성공적으로 수행했고, 이후 10여 년은 해외 프로젝트를 성공적으로 수행했다. 그는 프로젝트를 수행하면서 국내에서의 프로젝트 관리 경험과 해외에서의 프로젝트 관리 경험을 활용해 차이점을 비교했다. 국내 프로젝트와 해외 프로젝트는 유사성이 있지만, 차이점이 더 많으며 그 차이점에 집중해야만 프로젝트를 성공적으로 수행할 수 있다는 인식을 갖고 이 글을 썼다.

저자는 LG CNS 사내 교육 및 역량 강화 조직(Learning & Development 담당)에서 프로젝트 관리 과정의 강사로 활동했다. 특히, 전사적인 글로벌 프로젝트 관리 역량 확산을 위해 "글로벌 프로젝트(Global Project) 관리" 교육 과정을 L&D 담당과 공동 개설해 강사로 활동했으며, 그 외 "Smart PM" 및 "IT Project cost" 교육 과정의 강사로 활동했다. 또한, "ALP(Active Learning Program)/PM" 및 "ALP(Active Learning Program)/사업관리" 과정의 운영자로도 활동했다. 과정 운영 결과를 바탕으로 이 책의 공동 저자인 박재형 책임과 "서비스 품질과 고객 만족 개선을 위한 HPT 적용 사례 연구(서비스 사이언스 학회)"와 "LG CNS의 ALP를 통한 IT서비스 역량 강화(IT서비스학회)"의 학술 논문을 공동 발표했다.

프로젝트 관리 지식의 전사 확산을 위해 LG CNS 전사 Workspace에서 "PM카페"와 ALP 과정의 이슈와 솔루션을 데이터베이스화한 Repository를 운영하고 있다. 지금도 글로벌 프로젝트의 PM으로서 코로나를 뚫고 해외의 프로젝트 현장을 돌아다니고 있다.

저자 박재형은 LG CNS에서 20여 년간 HR 업무를 수행했다. 사내 PM 전문가들과 많은 교육 과정 및 사례를 개발해 사내 교육 과정에서 활용했으며, 현재는 L&D(Learning & Development) 리더십/글로벌역량개발팀에서 리더 교육 프로그램과 리더/PM들의 노하우(Know-How)를 정리해 공유하는 업무를 담당하고 있다. 사내에서도 현장 경험이 많은 전문가의 노하우를 어떻게 하면 빠르고 쉽게 정리할 수 있을지에 대한 고민과 함께 여러 가지 시도를 하고 있으며, 이 책도 좀 더 많은 사내 전문가들이 대내외적으로 인정받을 수 있는 활동의 일환으로 함께 쓰게 되었다.

프로젝트는 예민하고 조련하기 힘든 생물체와 같아서 다루기 어렵게 느껴집니다. 어떤 상황에서는 부드럽게 반응하다가도 어떤 상황에서는 포효하고 거칠게 날뛰기도 합니다. 특정 상황에서 잘 반응했던 방식이 다른 유사한 상황에서는 똑같이 진행해도 다른 결과를 가져다 줄 수 있습니다. 겉보기에 유사해 보이는 이슈나 리스크에 대해서도 관여하는 사람이나 상황마다 결과가 달라지기 때문에 유사한 프로젝트 사례를 사전에 학습한다고 해도 시시각각 발생하는 문제를 해결하기란 쉽지 않습니다. 이것이 바로 프로젝트 사례를 사전에 많이 학습해도 프로젝트 관리 역량이 늘지 않는 이유의 하나입니다. 게다가 유사해 보이는 프로젝트도 내부를 들여다보면 똑같지 않습니다. 즉, 모든 것이 같은 두 개의 프로젝트란 존재하지 않습니다. 프로젝트 구성원과 장소, 협력업체, 고객, 주변 환경, 기술, 시간 등 모든 것이 다르기 때문에 어떤 문제에 똑같은 솔루션을 적용해도 그 결과가 같으리라는 보장은 없습니다. 이러한 점이 프로젝트 관리를 어렵게 만듭니다.

이 책에서 파트마다 작은 사례를 제시하고 있기는 하지만, 여러분이 같은 상황에 처해서 이 책에서 제시한 것과 같은 방법을 쓴다고 해서 반드시 같은 결과를 얻는다고 보장하기는 힘듭니다. 프로젝트마다 상황과 여건이 다르기 때문입니다. 따라서 과거의 사례를 익히는 것도 중요하지만, 현재 진행하는 프로젝트를 둘러싼 상황과 이해관계자, 주변 정보를 미리 분석하고 그러한 문제가 발생하지 않게 피해 가는 것에 집중할 필요가 있습니다.

국내 프로젝트의 경우에는 문제가 발생하더라도 한국 내에 지원 조직과 자원, 기술과 시스템이 있기 때문에 해결하기가 어렵지 않습니다. 물론 문제의 경중에 따라 어느 정도의 비용과 시간은 발생할 수 있습니다. 그런데 유사한 문제가 해외에서 발생하는 경우에 해결에 드는 비용과 시간은 상대적으로 커집니다. 그리고 문제 해결 자체도 쉽지 않습니다. 현지에 프로젝트가 사용할 수 있는 조직과 자원, 기술과 시스템이 국내보다 부족하기 때문입니다. 따라서 글로벌 프로젝트의 경우에는 문제의 해결보다는 문제의 제거에 좀 더 집중할 필요가 있습니다. 그리고 필요하다면 문제 제거 비용을 적극적으로 사용해야 합니다. (여기서 비용은 돈만을 의미하지는 않습니다. 투입된 인력이 고민하고 행동하고 계획하는 모든 노력을 포괄하는 의미입니다.)

실제 문제가 발생하면 단합된 조직력과 아이디어를 통해 그 문제가 최소한의 영향을 미치게 재빨리 문제를 해결해내는 것에 마음이 끌리는 경우가 있습니다. 갈등과 긴장 속 영웅들의 활약과 같은 극적 요소가 있기 때문입니다. 그 문제 자체가 애당초 발생하지 않게 제거해서 아무런 문제 없이 프로젝트가 조용히 진행됐다면 시간이나 비용 측면에서 더 좋았을 것입니다. 그러나 문제없이 조용히 진행된 프로젝트는 눈에 잘 띄지 않기 때문에 문제를 사전에 제거해낸 프로젝트팀의 노력이 반감되는 딜레마가 존재합니다. 그다지 어렵지 않은 프로젝트를 잘 끝냈구나 하는 심심한 평가를 받게 되기 때문입니다. 프로젝트를 어렵지 않게 끝내기 위해 얼마나 많이 노력했는가를 영웅들의 활약상과 같은 드라마로 그리기는 힘듭니다.

과거 국내 한 항공사의 항공기가 악천후 속에서 우박과 번개를 맞아 심하게 파손되는 상황에서도 조종사가 안전하게 착륙시켜 주목받은 사건이 있었습니다. 사고 항공기에는 승객 170여 명이 타고 있어 자칫 대형 인명사고로 이어질 수도 있었습니다. 항공기 조종실의 창문이 모두 깨져서 전방이 보이지 않고 항공기 앞부분 레이더 덮개가 통째로 떨어져 나가는 심각한 상황 속에서도 조종사는 침착하고 능숙한 조종 실력으로 비행기를 안전하게 착륙시켰습니다. 조종사는 극히 위험한 상황에서도 단 한 명의 인명피해 없이 무사히 착륙시킨 공로를 인정받아 포상을 받았습니다. 전방이 보이지 않는 악천후 속에서 부서진 항공기 기체를 침착하게 조종해 승객 170여 명의 목숨을 구한 것은 누가 봐도 포상을 받기에 마땅합니다.

그러나 이후에 밝혀진 항공·철도 사고 조사 위원회의 조사 결과에 따르면 사고 항공기는 비구름에 대한 충분한 주의를 기울이지 않고 비행경로를 제대로 설정하지 않았다는 중대한 과실이 있었다고 밝혀졌습니다. 사고 당시 큰 비구름이 있었고 사고 전후의 다른 비행기들은 비구름을 피해 회피 비행을 했지만, 사고기는 구름 사이로 들어갔던 것입니다. 사고 전후의 비행기를 조종한 조종사들은 포상을 받지 못했지만, 사고기 조종사는 포상을 받는 딜레마가 생긴 것이지요.

글로벌 프로젝트는 현지에 조직적 지원과 인력이 부족하고 문화도 다르며 주변 환경도 생소합니다. 그래서 한 번 문제가 발생하면 생각하지 못한 방향으로 전개되고 상황이 국내보다 꼬일 가능성이 상대적으로 높습니다. 국내에서는 잘 처리되는 방식도 해외에서는 잘 작동하지 않습니다. 글로벌 프로젝트의 PM은 앞서 항공기 사례에서 봤듯이 비구름 속에서 침착하고 능수능란하게 조종하는 것보다는 애초에 회피 비행을 해야 합니다. 기상 레이다와 사전 조사 정보를 최대한 활용해 비구름을 미리 찾아내야 합니다. 비구름으로 들어가지 않게 비행기를 조종해야 합니다. 전설처럼 회사에서 구전되는 굉장히 어려운 문제를 극적으로 해결한 영웅으로 평가받기보다는 심심한 프로젝트의 일원으로 평가받는 것이 더 낫습니다. 물론 정말 쉬워서 문제가 없는 프로젝트를 맡아서 진행한 것이 아니라면 말이죠. 이 도서가 글로벌 프로젝트라는 우박과 천둥이 가득한 비구름을 피해서 비행할 수 있게 돕는 프로젝트 비행 지침서가 될 수 있기를 기원합니다.

이 도서에 나오는 프로젝트는 ICT를 중심으로 하는 LG CNS 프로젝트 특성이 감안되어 있습니다. 프로젝트는 산업군별로 다양하여 특정 산업에서의 프로젝트 솔루션이 다른 산업에서의 프로젝트에서는 다르게 작용할 수도 있습니다. 예를 들어 공사 프로젝트의 문제 해결 방식은 SW개발 프로젝트와는 다르게 작용합니다. LG CNS는 SW개발 프로젝트뿐만이 아닌 ICT를 중심으로 엔지니어링과 공사성 사업이 융합된 컨버전스 프로젝트를 진행하고 있습니다. 이 도서에서 설명하는 프로젝트는 컨버전스 프로젝트를 중심으로 작성했음을 밝힙니다.

이 도서가 제대로 된 형태를 갖추고 출간할 수 있는 수준까지 올 수 있게 지속해서 조언해주신 위키북스 박찬규 대표님께 감사드립니다. 또한, 밤과 휴일에 잘 놀아주지 못하고 책을 쓸 수 있게 참아주고 이해해준 아들 강민재 군과 아내에게 감사합니다.

책에 대해 많은 조언과 지원을 해주신 L&D 담당 김경아 상무님과 리더십/글로벌역량개발팀의 서지욱 팀장님, 제가 소속된 조직인 스마트 SOC 담당에서 글로벌 프로젝트를 총괄하고 지원하시는 유인상 상무님, 그리고 이 책의 내용을 검토해준 품질혁신 담당 추경호 담당님 및 품질전략팀과 장주관 책임님에게도 감사드립니다.

또한, 지금도 머리를 싸매고 프로젝트 성공을 위해 매진하고 있으실 모든 동료, 선배, 후배 프로젝트 구성원들에게도 격려와 감사를 전합니다.

2020년 9월

강청운 (공동 저자 박재형)

01

글로벌 프로젝트
개요

1.1 글로벌 프로젝트 정의와 특징	2
1.1.1 글로벌 프로젝트란?	2
1.1.2 글로벌 프로젝트의 특징	4
1.1.3 글로벌 프로젝트의 예	7
1.2 글로벌 프로젝트의 관리 요구사항	10
1.2.1 글로벌 프로젝트와 프로그램 유형	10
1.2.2 글로벌 프로젝트의 주요 요구 사항	13

02

글로벌 프로젝트 **착수하기**

2.1	**사전 조사 – 성공을 위한 첫 단추 끼우기**	19
	2.1.1 국가 조사하기	20
	2.1.2 산업 조사하기	30
	2.1.3 프로젝트 조사하기	33
2.2	**계약 체결 – 프로젝트 지뢰 제거하기**	37
	2.2.1 불가항력에 의한 면책 (Force majeure)	39
	2.2.2 배상 및 보상	43
	2.2.3 협력업체 계약	45
	2.2.4 하자 보수와 유지보수	47
2.3	**현지 문화 이해 – 신뢰 확보를 위한 신호 보내기**	51
	2.3.1 호프스테더 문화 연구 모델	53
	2.3.2 문화의 학습	59
2.4	**글로벌 팀 구성 – 하나의 팀 만들기**	63
	2.4.1 목표와 룰 공유	64
	2.4.2 역할과 책임 명확히 하기	66
	2.4.3 시스템화된 프로젝트 관리	69
	2.4.4 외부 지원팀 확보	70

2.5 글로벌 WBS 수립 – 생산성과 시간 다루기 … 72
   2.5.1 생산성의 차이 … 73
   2.5.2 시간 개념의 차이 … 75
   2.5.3 고객 일정의 관리 … 77
   2.5.4 WBS(Work Breakdown Structure) 고려사항 … 77

2.6 글로벌 원가 설정 – 무계획 비용 방지하기 … 81
   2.6.1 수출입 비용 … 81
   2.6.2 세무와 회계 … 84
   2.6.3 금융 비용 … 85
   2.6.4 기타 비용 … 88

2.7 글로벌 범위 확정 – 성공을 미리 약속하기 … 89
   2.7.1 워크숍과 이견(Deviation) 협의 미팅의 중요성 … 90
   2.7.2 범위 변경 관리 절차의 수립 … 91
   2.7.3 시작부터 검수 준비 … 92

03

글로벌 프로젝트 진행하기

3.1 글로벌 품질 관리 – 글로벌을 로컬화하기	94
3.1.1 프로세스 관리하기	95
3.1.2 결과물 관리하기	98
3.1.3 협력업체 품질 관리	99
3.1.4 품질 관리의 방향성	100
3.2 의사소통 실행 – 막혀 있는 정보 뚫어주기	102
3.2.1 목업(Mock-up)의 활용	103
3.2.2 주간보고(Weekly Report)의 활용	104
3.2.3 대면(Face-to-Face) 미팅	106
3.2.4 신뢰의 비용	107
3.2.5 회의와 프레젠테이션	109
3.3 글로벌 조달 – 세계로 수출하기	112
3.3.1 표준과 인증	112
3.3.2 제품 조달과 운송	114
3.3.3 서비스의 조달	115
3.4 글로벌 일정 관리 – 지연 예방하기	118
3.4.1 일정 상세화	118
3.4.2 연결 일정 끊어주기	119
3.4.3 타사의 지연 책임에서 벗어나기	120

3.5 갈등 관리 – 축적되는 마찰 풀어주기   122

3.6 협상하기 – 분배보다 효율성에 집중하기   127

3.7 리스크 관리와 의사결정 – 위험의 발생과 진행 억제하기   131

    3.7.1 리스크 식별   131

    3.7.2 리스크 평가   133

    3.7.3 리스크 대응 방안   135

    3.7.4 모니터링 및 관리   136

    3.7.5 의사결정하기   136

04

글로벌 프로젝트 종료하기

4.1 종료 계획 수립 – 누락 항목 방지하기   140

4.2 하자보수 계획 수립 – 사전에 조직과 인력 만들기   142

4.3 계약 종료 – 끝 마무리하기   144

4.4 행정 종료 – 무사히 귀환하기   145

맺음말   146

부록 1 _ Business Speaking English – Useful Expression   147

참고문헌   157

01

글로벌 프로젝트
개요

1.1
글로벌 프로젝트 정의와 특징

1.1.1 글로벌 프로젝트란?

일반적으로 글로벌 프로젝트라고 하면 하나 이상의 국가 사이에서 이루어지는 프로젝트라고 볼 수 있다.[1] 글로벌 프로젝트에서는 국내 프로젝트와는 달리 다양한 문화적 차이와 배경, 정치 체제, 그리고 언어를 다뤄야 한다.

예를 들어 한국의 유망한 핀테크(FinTech)[2] 기업이 싱가포르에 핀테크 사업을 진행한다고 하자. 결제 및 송금은 인증 권한을 갖고 있는 현지 파트너사 시스템을 사용하고 보안과 솔루션은 국내 시스템을 이용한다면 프로젝트 팀원은 금융 서비스와 관련된 문화적인 차이, 배경 정보(규제 당국, 규제 가이드), 그리고 어떤 방식으로 의사결정이 이루어지는지(정치 체제 포함)를 모두 고려해야 한다. 그만큼 사업의 복잡성이 커지고 고려할 요소가 국내 프로젝트보다 많다.

그림 1.1 싱가포르의 핀테크 산업[3]

자본의 쉬운 이동과 투자 확산은 글로벌 프로젝트를 확산시키고 있다. 시장은 세계화됐고, 정보 기술의 발달이 세계 시장으로 나가는 장벽을 낮추고 있다. 이렇게 시장과 정보 이동이 세계화됨에 따라 세계는 일종의 거대한 단일 시장처럼 변하고 있다.

많은 조직이 세계 곳곳에서 다양한 글로벌 프로젝트를 수행한다. 이 같은 글로벌 프로젝트는 저마다 달라 보이지만, 장소/지역, 조직의 수, 지역문화, 언어와 같은 특징에 따라 몇 가지 유형으로 분류할 수 있다.

1.1.2 글로벌 프로젝트의 특징

전통적인 프로젝트(Traditional Projects)는 많은 수의 팀 구성원이 같은 조직과 장소에서 일하는 것을 의미한다. 이에 비해 분산된 프로젝트(Distributed Projects)는 팀 구성원이 다양한 장소에서 업무를 수행하는 경우를 의미한다. 특히 여러 국가에 팀 구성원이 배치돼 있을 때 국제적 프로젝트(International Projects)라고 부른다. 가상의 프로젝트(Virtual Projects)는 지역마다 분산돼 있고, 서로 다른 조직에서 일하는 구성원으로 이루어져 있다. 이를 표로 정리하면 다음과 같다.

표 1-1 프로젝트 유형별 주요 특징과 사례

구분	주요 특징과 사례
전통적 프로젝트	팀 구성원들이 같은 조직과 장소에서 업무를 수행 e.g. OO 지역 건설 현장 프로젝트
분산된 프로젝트	팀 구성원들이 여러 장소에 흩어져 업무를 수행 e.g. 개발 센터만 서울에 위치하고, 나머지는 지방에 위치한 경우
국제적 프로젝트	팀 구성원들이 여러 나라에서 업무를 수행 e.g. 연구개발(R&D)은 미국 샌프란시스코, 생산은 중국, 기획업무는 한국
가상의 프로젝트	팀 구성원들이 지역마다 분산되어 있고, 서로 다른 조직으로 이루어짐 e.g. 한국 핀테크 기업의 싱가포르 파트너(현지 금융사, VISA 등)와 사업

이 표에서 살펴본 바와 같이, 프로젝트의 유형은 시대에 따라 점차 진화하고 발전해 왔음을 알 수 있다. 팀 구성원들이 여러 지역에 떨어져 있는데도 업무 수행이 가능한 것은 기존 유선 및 무선 전화, 인터넷뿐만 아니라 이메일(e-Mail), 메신저(Messenger), SNS(Social Networking Service), 화상회의(videoconferencing) 기술 등이 시/공간상의 제약을 극복하는 데 도움을 줬기 때문이다.

01 _ 글로벌 프로젝트 개요   5

그림 1-2 커뮤니케이션에서의 기술의 영향[4]

프로젝트 관리자는 이와 같은 가상의 프로젝트에서 발생하는 여러 도전(Challenges), 즉 서로 다른 이해관계(Interests)와 조직 문화, 일하는 방식, 거리가 떨어진 상황에서의 커뮤니케이션 등의 균형을 맞추는 관리를 해야 한다. 또한 국제적인 프로젝트는 다양한 국가의 문화와 언어, 때로는 서로 다른 지역과 시차 간의 복잡성이 얽혀 있는 상황에서 구성원들의 협업이 요구된다.[5] 정리하면, 모든 글로벌 프로젝트는 크게 5가지 공통된 특성을 가진다고 볼 수 있다.

표 1-2 글로벌 프로젝트의 특성[6]

구분	상세 특성
장소/지역의 수 (Number of distant locations)	• 프로젝트 팀원은 하나 혹은 그 이상의 지역에서 업무를 수행할 수 있음 • 지역적으로 가까우면 면대면 미팅(face-to-face), 신체적인 언어(body language), 사회적인 상호작용이 충분히 효과적일 수 있음 • 2개 이상의 지역으로 떨어져 있는 경우에 전화 혹은 화상 회의와 같이 높은 효과성이 보장되는 커뮤니케이션 전략이 필요함
서로 다른 조직의 수 (Number of different organizations)	• 프로젝트 팀원은 사내 단일 팀, 여러 팀 또는 여러 회사를 위해 업무 • 프로젝트 관리자는 리더십을 발휘해 팀원의 역량을 여러 정책과 절차, 조직 문화에 맞게 조정해야 함 • 조직의 수가 늘어남에 따라 계약 프로세스의 복잡성 증가

구분	상세 특성
지역 문화 (Country cultures)	• 서로 다른 구성원들의 조직 문화와 관습, 전통이 더 많은 다양성을 제공하고 창의성을 높이고 동기 부여에 긍정적 영향을 미침 • 그럼에도 불구하고 다양성은 갈등과 오해의 원인이 될 수 있으므로 프로젝트 관리자가 몇 가지 의사소통 규칙과 기법을 적용해야 함
다른 언어 (Different languages)	• 프로젝트 내 정보 교환을 위해 공용 언어를 영어로 채택하는 경우 대부분 비영어 사용자의 의사소통 효율성에는 제한이 있음 • 영어 원어민은 문장과 필수 단어를 명확하게 하기 위해 어휘 사용을 제한해야 할 수 있으며, 온라인 회의 사용 및 화상 커뮤니케이션 이용 시 외국 동료의 이해를 확인해야 함
시간대 (Time Zones)	• 프로젝트 팀은 서로 다른 시간대에 위치할 수 있으며, 완전히 다른 시간대의 구성원이 있는 경우, 공통 근무 시간에 회의하기 어렵거나 불가능할 수 있음 • 긍정적으로 프로젝트 관리자가 'FTS(follow-the-sun)'를 통해 순차 작업 시간을 1/2 또는 1/3로 줄임으로써 다양한 작업 시간을 유리하게 활용할 수 있음 • 반면, 간단한 정보 교환에 일주일이 걸리면 중요한 지연이 발생할 수 있으므로 여러 위치에 대한 표준 통신 규칙 및 템플릿이 필요함

이 다섯 가지 차원(특성)은 단일 부서, 위치, 시간대, 언어, 문화와 같이 복잡도 수준을 나타내는 방사형 차트로 나타낼 수 있다(그림 1-3 참조). 각 차원에 해당하는 점수가 중간 이상으로 높다면 해당 프로젝트는 전체적으로, 즉 글로벌 프로젝트가 실시되는 문화와 언어, 조직의 팀원과 국경을 넘어 프로젝트의 복잡성이 높아졌다고 볼 수 있다.

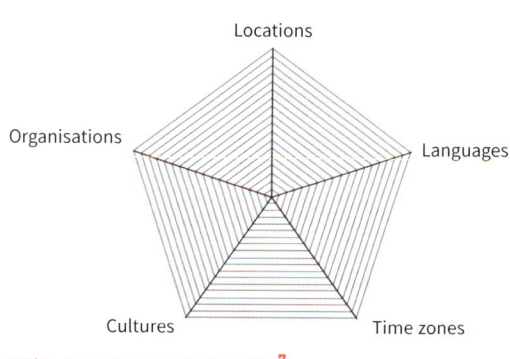

그림 1-3 글로벌 프로젝트의 차원들[7]

프로젝트 팀은 위의 그림에 나타난 차원(특성)을 사용해 여러 프로젝트 간 비교를 설정하고 모범 사례를 적용할 시기와 위험 관리 시기를 결정할 수 있다.

1.1.3 글로벌 프로젝트의 예

앞에서 살펴본 글로벌 프로젝트의 각 차원에 대해 세 가지 예를 살펴보자. 이를 통해 각 글로벌 프로젝트의 특성을 프로젝트 관리자가 어떻게 다뤄야 할지 알 수 있을 것이다. 비교를 위해 다음과 같이 표로 구성했다.

표 1-3 글로벌 프로젝트의 사례들[8]

구분	글로벌 프로젝트의 사례들
S/W 개발 프로젝트	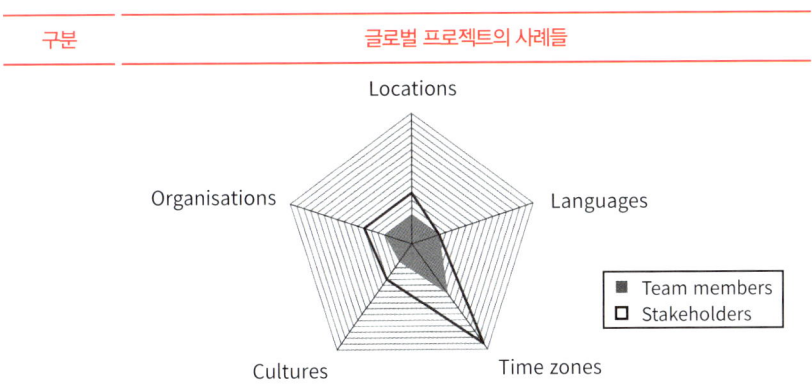 • 프로젝트 팀원은 서로 다른 위치에 있는 4개의 회사(영국 런던의 S/W회사, 브라질 쿠리티바(Critiba)의 개발 팀, 인도 방갈로르(Bangalore)와 뭄바이(Mumbai)의 2개 개발 팀)에서 근무하며, 모든 팀원이 영어를 유창하게 구사하고, 각각 네 가지 모국어(영어, 브라질 포르투갈어, 칸나다어, 타밀어)를 사용함. • 세 가지 문화가 있으며 시간대의 총 차이는 여름 기준 8시간 30분(브라질은 GMT-3, 인도는 GMT+5:30)임. • 팀원 외에도 다른 세 곳(미국, 남아프리카, 호주의 3명의 파일럿 고객)의 이해 관계자가 국가 차이 6, 시간대 차이 17시간으로(GMT-8, 미국 샌프란시스코와 호주 시드니(GMT +10)로 각각 나뉘어 있음.

구분	글로벌 프로젝트의 사례들
제약 프로젝트	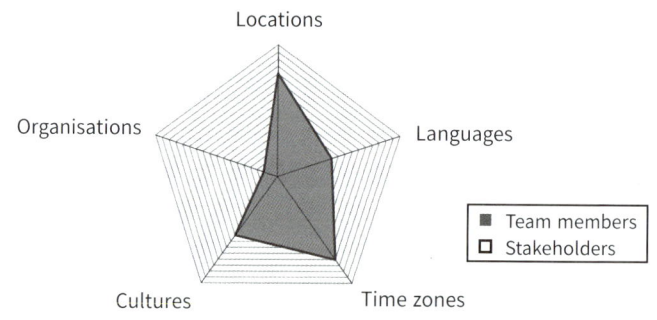
• 프로젝트 팀원은 8개 조직의 파트너십에서 왔으며 6개 지역(영국의 품질 보증 팀 2개, 프랑스 본사, 독일 2개 실험실 및 1개 개발 팀)에서 근무하며, 남아프리카 공화국은 세 가지 다른 모국어(영어, 프랑스어, 독일어)를 사용하는 사람들로 구성됨.
• 네 가지 국가 문화가 있으며 시간대의 총 차이는 여름에 1시간(영국의 경우 GMT+1, 다른 국가의 경우 GMT+2)임.
• 팀원 외에도 다른 이해 관계자가 있으며 서로 다른 위치에 있는 두 개의 조직(벨기에의 유럽 위원회와 스위스의 환경 기관)은 시간대나 언어의 수를 변경하지 않고 국가 차이를 6개(영국, 프랑스, 독일, 남아프리카공화국, 벨기에, 스위스)로 구분함.
조직 변화관리 프로젝트	• 두 조직(주 회사와 컨설팅 회사)의 프로젝트 팀 구성원은 8개 언어를 사용해 10개국 14개 회사 사무실에서 근무함.
• 총 차이 시간대는 여름에 14시간(미국 뉴욕에서 호주 멜버른까지). 모든 이해 관계자는 프로젝트 팀원과 동일한 위치에 있음.

위의 표에서 살펴본 바와 같이 어느 영역에 복잡성과 위험요인(Risk)이 더 높은지를 시각적으로 한눈에 볼 수 있고, 이를 그에 대한 대안을 마련하기 위한 의사소통 도구로 활용할 수 있다는 장점이 있다.

1.2

글로벌 프로젝트의
관리 요구사항

1.2.1 글로벌 프로젝트와 프로그램 유형

글로벌 프로젝트에서는 다양한 프로젝트를 관리하는 PMO(Project Management Office)의 역할이 필수적이다. PMI(Project Management Institute)는 PMO의 역할을 다음과 같이 정의한다.[9]

1. PMO가 관리하는 모든 프로젝트에서 공유 리소스를 관리한다.
2. 프로젝트 관리 방법론과 모범 사례, 표준을 식별하고 개발한다.
3. 코칭/멘토링/훈련/감독한다.
4. 프로젝트 감사를 통해 프로젝트 관리 표준과 정책, 절차, 템플릿 준수를 모니터링한다.
5. 프로젝트 정책과 절차, 템플릿, 기타 공유 문서를 개발하고 관리한다.
6. 프로젝트 간 커뮤니케이션을 조정한다.

개별적인 프로젝트를 관리하는 글로벌 프로그램은 다음 그림과 같이 프로젝트보다 상위 개념에서 프로그램 매니저를 통해 관리할 수 있다. 다음 그림은 프로그램 관리자와 프로그램 이해 관계자 간의 관계에 대한 개요를 보여준다.

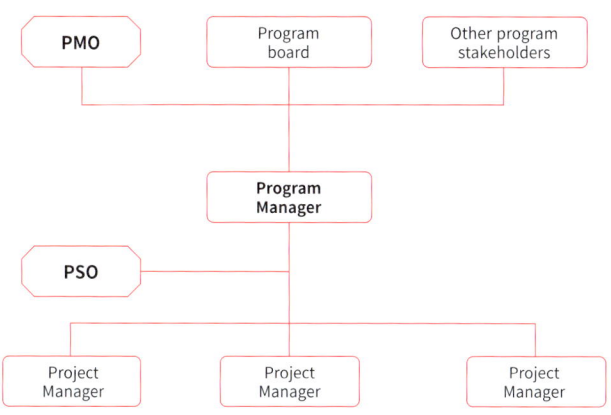

그림 1-4 글로벌 프로그램 이해관계자[10]

프로그램 관리자는 프로그램 결과에 영향을 미치는 가이드를 제공하고 상위 의사결정권자 및 영향을 주고받는 다른 이해관계자와 긴밀하게 협력해야 한다.

글로벌 프로그램의 범주는 프로그램 이해 관계자의 위치와 다른 프로젝트 팀의 위치라는 두 가지 차원을 고려해 생각해 볼 수 있다. 1사분면에 해당하는 전통적인 프로그램을 제외한 세 가지 주요 프로그램에 어떤 특징이 있는지 살펴보자.

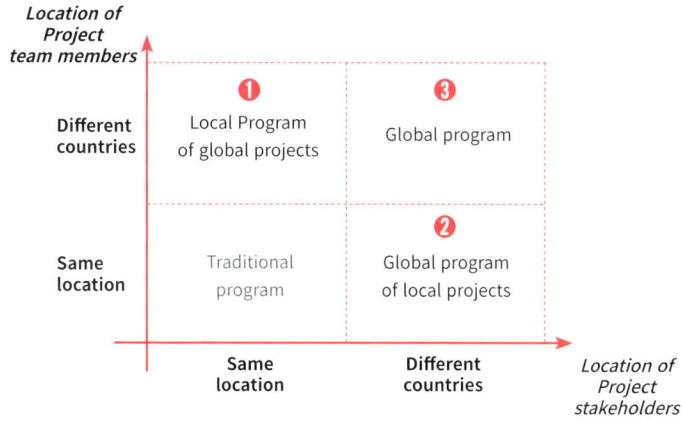

그림 1-5 글로벌 프로그램의 범주[11]

표 1-4 글로벌 프로그램의 유형별 특징

프로그램 유형	사례 개요
❶ 글로벌 프로젝트의 로컬 프로그램 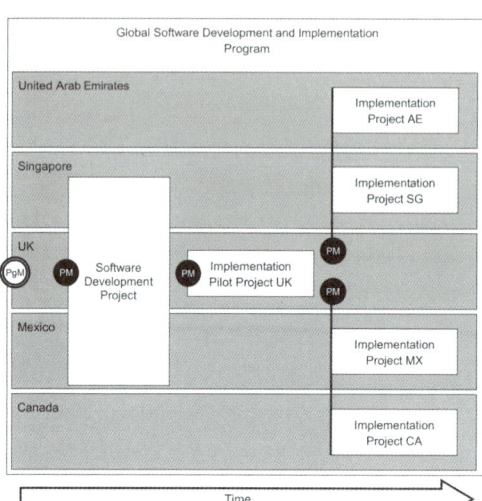	• 프로그램 관리자(PgM)는 개별 프로젝트 관리자(PM)와 같은 국가인 영국에 위치하며, 각 프로젝트 관리자들이 5개국에서 새로운 SW 도구를 개발하고 구현하는 프로그램임. • 이 프로그램은 소프트웨어 개발(영국 PM과 영국, 싱가포르, 멕시코의 프로젝트 팀)을 위한 글로벌 프로젝트로 구성. • 영국은 파일럿으로 이행(Implementation) 프로젝트를 진행하는데, 아랍 에미리트, 싱가포르, 멕시코, 캐나다에서 나라마다 지역적으로 이행하며 모두 영국 프로젝트 관리자가 조정함.
❷ 지역 프로젝트의 글로벌 프로그램 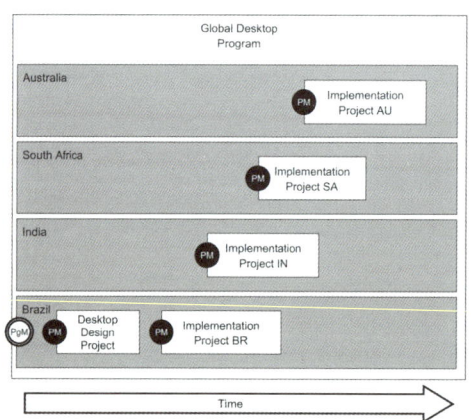	• 개별 국가의 상황에 맞게 조정된 방식으로 관리되는 전통적인 프로젝트 그룹임. • 프로그램 관리자가 프로젝트 관리자를 관리하고 프로그램 보드 및 기타 주요 이해 관계자와 의사소통함. • 4개의 국가에서 표준화된 데스크톱 컴퓨터 프로그램을 이행하는 전통적인 프로젝트를 통합하여 관리하는 하나의 글로벌 프로그램임.

❸ 글로벌 프로젝트의 글로벌 프로그램

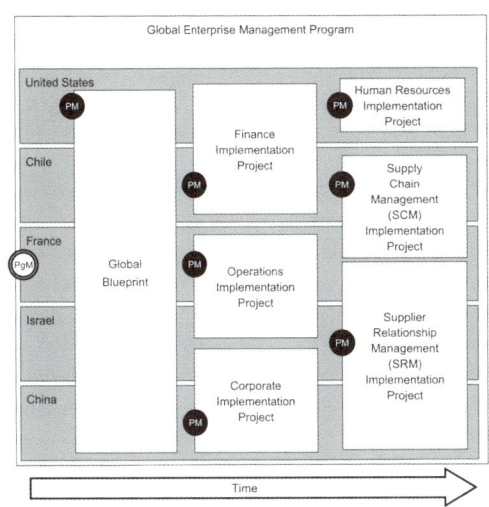

- 프로젝트 매니저 7명과 프로그램 관리자 1명이 모두 다른 국가에 위치한 글로벌 프로젝트 그룹임
- 글로벌 프로그램의 가장 어려운 도전을 나타내며, 글로벌 프로그램 관리자 및 모든 글로벌 PM은 모든 이해 관계자의 충돌을 관리해야 함.
- 국제 기업들은 종종 다양한 솔루션에 대한 글로벌 프로젝트와 함께 엔터프라이즈 관리 제품군을 구현하기 위해 글로벌 프로그램을 수행함.
- 글로벌 프로그램 관리자는 프랑스에 있으며 프로젝트 관리자 및 프로젝트 팀은 여러 국가에 분산된 경우임.

1.2.2 글로벌 프로젝트의 주요 요구 사항

앞에서 살펴본 바와 같이, 기존 프로젝트 관리 지식 체계에 결합된 프로세스와 도구, 방법은 대부분 프로젝트 유형에 적용할 수 있다. 그렇다면 글로벌 프로그램 및 프로젝트 관리자가 필요로 하는 사항은 무엇일까?

현재 글로벌 프로젝트 또는 프로그램을 관리하고 있거나 그와 관련이 있다면 이러한 질문 중 일부가 궁금할 수 있다. 그렇지만 이러한 요구 사항에 대한 솔루션은 프로젝트에 포함된 국가와 조직 문화, 지역 수, 다른 언어, 팀 규모, 프로젝트 기간, 규모 및 복잡성 등의 요인으로 답이 하나만 있을 수는 없다. 결국 글로벌 프로젝트의 실사례를 기반으로 자신의 상황에 가장 적합한 대안을 결정해야 한다.

표 1-5 글로벌 프로젝트의 주요 요구 사항

구분	상세 요구 사항
글로벌 팀 관리 (Global Team Management)	• 다른 위치에서 일하는 팀원 간의 갈등을 어떻게 관리할 수 있나? • 가상 팀 구성원, 특히 다른 조직에서 근무할 때 어떻게 신뢰를 구축할 수 있나? • 다른 지역 팀원에게 효과적인 리더십 기술을 개발하려면 어떻게 해야 하나? • 다른 문화를 다루는 방법을 배우면서 다른 팀원이 다문화 팀에서 성과를 낼 수 있게 하려면 어떻게 해야 하나? • 예산으로 프로젝트 시작 단계에서 모든 팀원이 동일한 위치에 있는 것을 승인하지 않는 경우, 팀 활동을 수행하려면 어떻게 해야 하나? • 물리적으로 떨어져 있는 PM과 코디네이터에게 코칭하려면 어떻게 해야 하나?
국가 간의 커뮤니케이션 (Communication Across Borders)	• 원거리에서 효율적이고 짧은 회의를 하려면 어떻게 해야 하나? • 원거리 회의에 회사 템플릿을 어떻게 적용할 수 있나? • 다른 국가에 있는 사람들에게 할당된 프로젝트 작업 및 결과물을 어떻게 추적하고 언어가 달라서 생긴 오해를 피할 수 있나? • 브레인스토밍, 코칭, 지식 전달과 같은 특별 회의를 어떻게 수행할 수 있나?
글로벌 조직 (Global Organisations)	• 조직이 글로벌 기업으로 나아가기 위해 조직의 구조와 문화를 어떻게 조정할 수 있나? • 프로젝트 팀을 구성하는 가장 좋은 방법은 무엇인가? • 어떤 유형의 전문가가 원거리에서 일을 잘하고 어떻게 선발하나?
협업 도구들 (Collaborative Tools)	• 글로벌 환경에서 커뮤니케이션을 강화하기 위해 회사에서 배포할 수 있는 도구는 무엇인가? • 프로젝트 및 프로그램에서 작업하는 가상 팀을 관리하고 조정하기 위해 어떤 도구를 사용할 수 있나? • 프로그램과 프로젝트 관리자 간의 커뮤니케이션 품질을 개선하기 위해 어떤 도구를 사용해 관리 오버헤드 없이 마일스톤을 모니터링할 수 있나? • 회사는 모든 조직 수준에서 이러한 도구를 어떻게 배포할 수 있고 도구 채택을 촉진하는 방법은 무엇인가?

이와 같이 글로벌 프로젝트를 수행할 때 부딪힐 가능성이 높은 문제와 사례를 다양하게 접하는 것이 프로젝트 성공에 도움이 될 수 있다. 이를 통해 장래에 어떤 부분이 문제가 될지 간접적으로 경험할 수 있기 때문이다. 더 나아가 그러한 문제가 애초에 왜 발생했는지 알아보고 문제를 예방하기 위해 노력해야 한다.

다음 장에서는 글로벌 프로젝트의 실제 사례와 함께 문제 발생을 방지하기 위해 어떤 부분을 사전에 고려해야 하는지 알아본다.

02

글로벌 프로젝트
착수하기

02 _ 글로벌 프로젝트 착수하기

"한국인 및 한국을 경유한 모든 외국인에 대해 입국을 금지합니다." 이 글을 쓰는 도중에 날아든 글로벌 프로젝트가 진행되는 현지 국가 정부의 공지사항이다. 글로벌 프로젝트를 수행하는 도중에 발생한 코로나바이러스의 범세계적인 유행으로 한국인 기술자의 현지 입국이 금지됐다. 한국인 기술자가 프로젝트 현장 지원을 위해 입국할 수가 없어 현지에 있는 인력만으로 프로젝트를 진행해야 한다. 식품이나 의료 관련 업무를 제외한 모든 비필수 업무는 진행 자체가 어렵다. 생산 시설 부족으로 자재를 주로 수입에 의존하는 현지국가의 특성상 프로젝트 수행을 위한 자재 구입도 점차 어려워지고 있다. 국내 프로젝트였다면 단기적으로 현장에 인력 출입이 어려운 정도의 타격이었을 것이다. 글로벌 프로젝트는 예기치 못한 상황이 발생할 확률이 크며 그 영향도 국내 프로젝트보다 크다.

프로젝트는 한정된 시간과 비용으로 품질을 확보하는 치열한 싸움이다. 시간이나 비용, 품질 중에 어느 하나라도 사전에 확정된 목표를 벗어나면 프로젝트는 실패로 간주된다. 항상 양쪽 종아리에 시간과 비용이라는 모래주머니를 매달고 품질 목표를 향해 달려야 하는 프로젝트의 속성은 프로젝트 관리자에게 어려움으로 다가온다. 여기에 더해, 글로벌 프로젝트는 운동장이 아닌 진흙밭이나 자갈밭을 달려야 하는 어려움이 추가로 요구된다. 이러한 어려움을 헤쳐나가기 위해서는 국내 프로젝트에서 쌓아온 경험과 기술과는 다른 부가적인 역량이 요구된다.

글로벌 프로젝트 성공의 핵심 요인은 의사소통과 문제 예방이다. 글로벌 프로젝트는 정확한 정보가 없거나 정보가 제대로 공유되지 않아서 문제가 발생한다. 의사소통 역량을 발휘해 정보가 팀 내부 및 이해관계자 간에 물 흐르듯 흘러 다니게 해야 한다. 글로벌 프로젝트의 의사소통 역량은 영어나 외국어를 잘 구사하는 역량보다 정보의 비대칭성을 해소하는 역량이 중요하다. 국내 프로젝트보다 정보가 충분히 확보돼야 한다. 그리고 확보한 정보는 프로젝트 계획에 충실히 반영하고 팀원을 포함한 모든 이해관계자에게 수집된 정보와 그로 인해 보강된 계획을 인지시켜야 한다.

국내 프로젝트는 문제가 발생하더라도 한국 내에 문제 해결을 위한 조직이나 자원이 있다. 그러나 글로벌 프로젝트에서 문제가 발생하면 국내와 같은 지원이 쉽지 않을 뿐만 아니라 현지의 특이한 문화와 환경으로 인해 문제를 해결하기가 쉽지 않다. 따라서 글로벌 프로젝트는 초기 문제 제거에 집중해야 한다. 필요하다면 국내 프로젝트에서는 유사한 상황에서 사용하지 않았던 문제 예방 비용을 집행하는 편이 좋다. 여기서 말하는 비용은 단지 돈만을 의미하지는 않는다. 프로젝트에 관여한 사람들이 고민하고 쏟아붓는 전체적인 시간, 돈, 노력을 의미한다.

글로벌 프로젝트를 착수할 때는 문제가 될 만한 요인을 제거하거나 감소시켜야 한다. 착수 단계에서 부득이하게 제거나 감소가 안 된다면 별도로 식별해놓고 프로젝트 진행 중에 지속해서 찾아보면서 내용을 업데이트해가면서 제거하거나 감소하려는 노력을 진행한다. 문제 요인을 미리 찾아내기 위해서 사전 조사의 수행은 필수적이다.

2.1
사전 조사 – 성공을 위한 첫 단추 끼우기

프로젝트는 모든 과정을 끝나고 나서 실패하기보다는 계획 수립과 진행 단계에서 성공 여부가 결정된다. 따라서 프로젝트 착수 단계에서 프로젝트가 성공할지의 여부를 항상 내다보고 있어야 한다. 프로젝트에 착수하면 어떤 요인이 프로젝트 성공에 부정적 영향을 미칠 것인지 식별해야 한다. 그리고 식별된 내용에 대해 문제 제거 혹은 감소 방안을 수립하고 프로젝트 계획에 반영한다. 프로젝트에 부정적 영향을 미칠 수 있는 요소를 사전에 얼마나 많이 정확하게 파악하는지가 중요하다. 글로벌 프로젝트를 수행하는 국가를 시작으로, 프로젝트가 속한 산업군, 프로젝트를 둘러싼 주변 환경에 대해서까지 사전 조사를 수행하자.

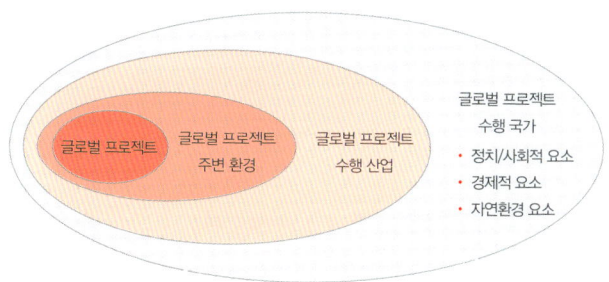

그림 2-1 글로벌 프로젝트의 사전 조사 범위

2.1.1 국가 조사하기

글로벌 프로젝트는 프로젝트를 수행하는 현지국가의 사전 이해가 필수적이다. 글로벌 프로젝트를 수행하는 국가의 대내외적 환경은 프로젝트에 직간접적인 영향을 끼친다. 글로벌 프로젝트를 착수할 때 프로젝트 관리자는 현지 국가의 정치/사회, 경제, 자연환경에 대해 사전 조사를 수행하면서 프로젝트의 영향 요소를 파악해 본다. 영향 요소를 최대한 빠짐없이 식별하고 나면 그에 대해 프로젝트를 어떻게 보완할 것인지 대비 계획을 수립한다.

보통 프로젝트 관리 계획(일정, 자원, 비용, 범위, 품질 등의 계획)을 수립할 때 기존에 보유한 프로젝트 템플릿을 활용해 주요 명칭이나 범위, 일부 내용만 수정해 복사해서 붙여넣기 형태로 진행될 때가 있다. 이렇게 계획이 수립되면 계획의 충실도와 실행력이 떨어진다. 실행력이 낮은 계획은 예기치 않은 문제의 발생 가능성을 높이고 프로젝트의 성공 확률을 낮춘다.

사전 조사된 영향 요소를 바탕으로 프로젝트에 미치는 영향도를 최소화하게 계획을 수립해야 한다. 비교적 여유가 있는 착수 시점에 영향 요소를 미리 고민하고 대비책을 찾아두면 나중에 혹여 문제가 발생하더라도 당황하지 않고 대처하는 데 도움이 된다. 프로젝트 착수 단계에서 영향 요소를 식별해 미리 알고 있다면 그것을 참조해 프로젝트 진행 중 의사결정을 내릴 때도 영향도를 최소화하는 결정을 내리게 된다.

정치/사회적 요소

국내 프로젝트에서도 정치/사회적인 요소가 프로젝트 진행에 영향을 줄 때가 가끔 있다. 예를 들면 정권 교체로 인해 발주될 사업이 취소된다든지, 장기간 파업 등으로 인해 프로젝트에 영향을 받는 일이 그렇다. 그러나 전반적으로 안정적인 정치/사회 인프라를 갖춘 한국과는 달리 정치/사회적으로 크게 불안정한 국가에서 프로젝트를 수행하다 보면 언제든 예측하기 힘든 상황에 처할 수 있다.

예를 들어 정권 교체나 실권자의 변동으로 인해 현재 수행하는 프로젝트의 중요성이 떨어질 수도 있다. 이 경우에 프로젝트 범위가 줄어들거나 취소될 수 있다. 프로젝트가 정치적 영향을 받을 수 있다고 생각된다면 계약 조항이나 수금 계획을 보강해 둬야 한다. 보통 계약 조항이나 수금 계획은 프로젝트가 처음부터 끝까지 정치/사회적인 요소에 영향을 받지 않고 정상적으로 진행되는 것을 가정한다. 그렇다면 정치/사회적 요소가 프로젝트에 영향을 미친다면 어떻게 해야 할까? 사전에 대비돼 있지 않으면 그 피해를 고스란히 프로젝트에서 안고 진행할 수밖에 없다. 글로벌 프로젝트는 통제할 수 없는 예기치 못한 상황이 언제든 발생할 수 있다고 가정해야 한다. 수금/송금 계획이나 캐시플로 계획을 수립할 때 보수적으로 계획을 수립한다. 계약 중도 해지 혹은 계약금의 미지급이나 지연 등을 가정하고 프로젝트 보상이나 배상 조건을 강화해야 한다. '2.2 계약 체결 - 프로젝트 지뢰 제거하기'에서 다룰 불가항력(Force majeure) 조항도 계약서에 적극적으로 구체화한다.

언어와 종교, 시간관념, 법제도, 전력/통신의 안정성도 프로젝트에 영향을 미치는 요소이니 프로젝트에 미치는 영향도를 줄이기 위한 방안을 수립해야 한다. 다음 표는 대표적인 정치/사회적 영향 요소를 정리한 것이다. 다음에 제시된 영향 요소에 따른 고려 사항이 지금 수행하고자 하는 프로젝트의 계획에 반영됐는지 확인해 보자.

표 2-1 정치/사회적 요소 고려 사항

구분	영향 요소	고려 사항
정치	• 정권 교체나 변동에 따른 사업 수행 안정도(예: 기존 사업 범위 취소나 감소, 승인 지연 등) • 주변국과 분쟁에 따른 테러, 단교, 전쟁, 혁명, 폭동, 인종 갈등 등 • 한국과 외교 관계 변화	• 수금/송금 차질 가능성을 고려한 캐시플로(Cash Flow) 비상 계획(Contingency plan) 수립 • 캐시플로를 고려한 적정한 선수금 규모 협의 여부 • 사업 범위 축소나 취소 시 미지급금이나 합리적 비용 보상 조항의 계약서 포함 • 일정 계획 수립 시 인허가 지연에 따른 일정 버퍼 고려 • 계약서상에 현지 발생 가능한 정치/사회적 요소의 불가항력 항목 구체화 • 현지 한국 대사관과의 협조 체계와 비상 연락망 구축 여부 • 일정/비용 등 계획 수립 시 비상 계획 고려 • 현지 보안 시설 및 인력 배치 방안 및 관련 비용 고려
통관	• 현지 통관 원활도	• 통관 일정 적정성 고려(예: 현지 통관 정책과 문화에 따른 적합한 일정 버퍼 고려 등) • 각종 수입 승인/규제 품목 포함 여부 • 전략 물자 확인 여부 • 관세, 수수료 등 비용 반영 적정성(적정한 원가 산정 여부 확인)
파업	• 파업의 일상성	• 파업이 감안된 일정 수립 필요 여부 • 불가항력 상황의 구체적 명시(현지에 파업이 일반적이면 파업을 사유로 일정 조정이나 배상이 어려움. 구체적인 상황 명시가 필요)
언어	• 계약서에 명시된 공식 언어	• 고객사/협력업체/팀원 언어 소통 방안 수립 및 관련 비용 반영(번역, 통역 등) • 산출물 및 보고서 작성 방안 • 문서 번역 소요 시간의 일정 계획 반영
종교	• 현지 종교의 영향도 (예: 이슬람교)	• 종교시설(예: 기도실) 설비 필요 여부 • 종교 관련 일정 반영(예: 라마단, 종교 관련 공휴일, 기도 시간 등)

구분	영향 요소	고려 사항
시간	• 시간관념도	• 전반적인 사회적 시간 준수 정도를 고려한 일정 계획 수립 • 현지 선호되는 미팅 절차를 의사소통 계획 시 고려(시간 약속, 방문, 통역 필요 여부 등) • 공휴일의 일정 반영(예: 설치, 통관 등 일정)
협상	• 협상 방식	• 통상적인 협상 소요 시간 • 우회적이거나 직접적인 표현 선호 여부 • 의사소통 시 직위/직함의 영향도 여부 • 협상 완료 후 재협상 용인 여부
비즈니스 예절	• 팀워크 증진을 위한 방식 (고객사, 현지 협력업체, 팀원)	• 선호하는 대화 주제, 현지 식사 예절, 선호하는 선물 종류 등 파악 • 팀워크 증진을 위해 현지에서 선호하는 문화 파악
주택/ 교통	• 주거 환경 • 교통 환경	• 안전한 직원 주거지 선정 여부 • 상점 위치 고려 • 프로젝트 교통수단 고려 • 프로젝트 동선 고려
전력/통신	• 전력/통신의 안정성	• 전력 불안정 시 UPS(무정전전원장치) 도입 고려 • 현지 통신망 사정에 따른 프로젝트 영향도 고려(예: 통신망 설계 시 단선 고려)
법률/제도	• 인허가 • 현지 법률사무소 • 현지 소송 환경	• 인허가 종류 및 시간 반영 여부 • 현지 국가 인증 및 기술규격 확인 여부 • 현지 법률사무소 선정 여부 • 현지 소송 절차나 소송 선호도 여부(고객/현지 협력업체 계약 시 중재 조건 반영)

글로벌 프로젝트를 이행하는 수행사 입장에서 정치/사회적 요소 발생 자체를 막을 수는 없다. 다만, 사전에 발생할 것을 예상해서 그 영향도가 최소화되게 계약서, 공문(근거 문서), 산출물, 프로젝트 계획 문서 등에 프로젝트 수행사에 유리한 조항이나 문구를 미리 반영해 두는 것은 할 수 있다.

예를 들어, 현지 국가가 주변국과 분쟁이나 마찰로 단교나 수출입 제한 등이 발생할 것이 예상된다면 일정 계획 수립 시에 일정 버퍼를 마련해두고 계약 시 수행사의 책임 회피 조건 등을 미리 삽입해 둔다. 장비나 자재의 수급 계획을 수립할 때도 백업 방안의 고려나 상황 발생 시 다른 작업 일정에 미치는 영향을 최소화할 수 있는 시점을 선택할 수 있다.

정치/사회적 문제 발생이 예상되는 경우 미리 주간보고서에 상황 발생 시 어떤 문제가 발생할 수 있으며 프로젝트는 영향을 최소화하기 위해 어떤 대비책을 마련하고 있는지를 기술해 공유한다. 이는 향후 문제 발생 시에도 그러한 요소가 수행사 책임으로 발생한 것이 아니며 문제 해결 노력을 수행했다는 근거가 될 수 있다.

경제적 요소

프로젝트 자체가 경제적인 이익 추구를 목적으로 하기 때문에 글로벌 프로젝트를 둘러싼 경제적 요소는 프로젝트에 미치는 영향이 크다. 국내에서 프로젝트를 수행할 때 GDP, 실업률, 무역협정과 같은 뉴스는 몰라도 크게 불편할 것 없지만, 글로벌 프로젝트에서는 직간접적인 영향을 미친다

예를 들어 GDP나 경제성장률이 급격히 하락하는 경우에 경제가 성장할 것으로 예상하고 발주된 프로젝트는 범위가 축소될 가능성이 높다. 또한, 후속 사업이 중단되거나 연기될 가능성도 높아진다. 범위 축소나 사업 중단이 장기간 협의와 협상에 의해 진행된다면 그나마 사정은 나을 것이다. 그러나 어느 날 갑작스러운 통보 형태로 진행돼 프로젝트에 영향을 줄 때도 있다. 따라서 프로젝트 초기부터 이러한 최악의 시나리오에 대해서도 고려해야 한다. 합리적 비용 보상 조건에 대한 검토가 그래서 필요하다. 수금/송금 차질 가능성에 대해서도 계획 수립 시에 생각하고 있어야 한다.

실업률의 경우 급격히 올라도 문제고 내려가도 문제다. 실업률이 급격히 올라가는 경우 그만큼 국가 경제 상황이 안 좋다는 의미이며, 앞서와 같이 GDP나 경제성장률 하락에 의한 영향일 수 있다. 반대로, 실업률이 급격히 하락하면 고용 상태가 증진된다. 이 경우에는 필요 시점에 원하는 인력을 구하기가 어렵다. 프로젝트는 일반적인 회사와는 달라서 설계, 구축, 시험 단계에 따라 소요되는 인력 규모가 달라진다. 많은 인력이 필요한 시점에 마침 실업률이 매우 낮다면 현지 인력을 구하기도 힘들어져 필요 시점에 필요한 만큼의 인력을 구하기가 힘들어진다. 따라서 최초 수립한 인력 투입 계획에 차질이 발생할 수 있다. 이것은 프로젝트 일정 지연으로 이어진다. 인건비도 높아지기 때문에 프로젝트 예산에도 악영향을 미친다. 현지 협력사들도 프로젝트 초기에는 무엇이든 적극적으로 도와줄 것처럼 하다가 다른 일거리가 많아지면 돈이 되는 쪽으로 몰려가서 프로젝트에 대한 적극적인 지원이 끊어질 수 있다.

현지 국가의 외환보유액이 감소하면 고객으로부터 수금한 자금을 본국으로 송금하는 데 제한을 받을 수도 있다. 또는, 해외 기자재를 프로젝트를 진행하는 현지 국가로 구입해오기 위해 해외 기자재 공급업체에게 대금을 지급하는 것이 차단 당할 수 있다. 현지 국가의 정부가 외환 확보를 위하여 해외 송금을 규제하려 들기 때문이다.

이와 같이 신문 기사의 헤드라인에 나오는 경제 지표가 프로젝트에 직접적인 영향을 주는 요소로 작용하기 시작한다. 따라서 프로젝트의 경제적 요소를 주의 깊게 살펴보고 그것이 프로젝트에 어떤 영향을 줄 것인지, 그리고 사전에 그에 대해 어떻게 대비할 것인지에 대한 계획을 수립한다.

표 2-2 경제적 요소 고려 사항

구분	영향 요소	고려 사항
GDP, 경제 성장률	• 급격한 하락 여부	• 사업 범위 축소나 취소시에 미지급금이나 합리적인 비용 보상 조항의 계약서 포함 여부 • 수금/송금 차질 가능성을 고려한 캐시플로 비상 계획 수립
실업률	• 급격한 상승 또는 하락 여부	• 현지 인력 수급 대책과 수급 일정 (실업률이 낮아지는 경우 인력을 구하기 힘든 현상이 발생) • 현지 협력업체의 협력 변화 가능성(계약 범위 중 모호한 부분은 가급적 명확히 하여 이슈화 방지)
외환 보유고	• 현지 화폐의 환율 변동 • 외환 보유현황 및 송금 규제	• 환헤지 대책 • 수금/송금 계획 차질 가능성을 고려한 캐시플로 Contingency plan 수립
인플레이션/ 이자율	• 급격한 상승 여부	• 재무 계획 영향도의 재고려(자재비 상승이나 캐시플로 악화 등)
조세	• 현지 조세 규정	• 본국 송금제도 및 세금 영향도(예: 캐시플로 관리 시 현지 사용 잔여금 최소화 등) • 고정사업장 설립 여부 • 현지 조세 제도 및 관련 비용 반영 여부
노무	• 현지 노무 규정 • 해외 파견자의 근무 원활도 (비자, 규제, 현지 의료/산재보험 등)	• 현지인 일정 인원 채용 혹은 채용 후 파면 불가 조항 등 확인 • 야간 근무나 휴일 근무 가능 여부 확인 • 현지 생산성 정도 • 현지 노동 규제 파악 및 대비책 고려 여부

국내 프로젝트는 한국이라는 경제적 울타리 내에서 한국 정부가 보장하는 경제적 행위를 수행하는 것이다. 그러나 글로벌 프로젝트는 현지 정부가 한국 정부만큼 보호나 경제적 보장을 해주지 않으며 현지 경제 환경이나 국민들도 호의적이지는

않다. 국가마다 자국 산업 보호 정책이 강화되고 보호 무역 주의가 팽배해지면서 현지 국민들이 외국 기업이 자국의 이익을 빼앗아간다고 생각하는 경향이 있다. 국가적으로 경제적 영향이 큰 사건이 발생할 경우에는 누적된 갈등이 분출된다.

따라서 글로벌 프로젝트를 착수하기 전에 현지 국가의 경제적 상황에 대해 사전 조사해 어떤 위험이 도사리고 있는지 파악해 둬야 한다. 글로벌 프로젝트를 진행하면서도 현지 뉴스나 신문에 관심을 두면서 조사한 사항을 지속해서 업데이트하는 것이 중요하다.

자연환경 요소

국내 자연환경은 한국인에게 익숙하고, 한국의 다양한 계절 변화나 혹한기, 혹서기에 대한 오랜 경험이 있어 프로젝트에 큰 영향 요소로 작용하지는 않는다. 그러나 글로벌 프로젝트에서는 한국과는 생소한 자연환경 요소가 프로젝트 진행에 영향을 준다. 예를 들면 중동 국가의 경우 한낮에 외부 기온이 50도에 육박하고 체감 온도는 70도에 달한다. 이런 환경에서 프로젝트가 일정 지연 없이 진행되려면 특별한 준비와 고려가 필요하다. 특히, 고온과 먼지가 많은 국가에 도입하는 장비는 방진 처리가 필수적이다. 사막의 모래와 먼지 입자 크기는 매우 미세하여 방진 처리에 주의하지 않으면 장비 내로 유입돼 잦은 장비 고장의 원인이 될 수 있다.

그림 2-2 고온과 먼지로 인한 극한 환경의 예 (출처: 「네이처」, 2016년 8월 호)[12]

실외 설치 장비의 경우 높은 온도로 인한 장비 고장이나 오작동에 대비해 내부 냉각 장치 설계를 고려해야 한다. 그러나 이렇게 고온인 지역도 겨울철이 되면 낮과 밤의 온도 차가 커지므로 장비 내부에 응결 현상이 일어나 손상을 일으킬 수 있다. 이 경우에 더운 지방임에도 불구하고 필요 시 히터를 장비 내부에 장착해야 할 수 있다. 이중 삼중의 먼지 유입 방지 설계와 냉각 장치 및 히터의 설치는 장비의 가격을 높이는 요인으로 작용한다.

혹서기 때 프로젝트를 수행하는 경우는 실내 작업 위주로 공정을 조정하는 등 섬세한 관리가 필요하다. 주간 근무 시간대를 야간 시간대로 조정하는 것도 고려한다. SW개발 프로젝트와는 달리 외부 설치 공사를 해야 하는 엔지니어링 프로젝트는 실내 작업 위주로 조정이 어려우므로 혹서기에 일정 계획을 어떻게 수립할 것인지 사전에 고려해야 한다. 야간 근무는 주간 근무보다 일당이 비싸기 때문에 추가 비용도 고려해야 한다.

비가 자주 오거나 많이 내리는 지역에서 프로젝트를 진행하는 경우 천둥, 번개를 고려한 피뢰침 및 접지에 대해서도 고려해야 한다. 순간적인 과전압에 대비한 서지 보호 설계나 장비가 필요할 수 있다. 또한 정전 상황을 고려한 무정전전원장치(UPS)에 대한 고려도 필요하다. 홍수를 고려해 자재를 고지대의 별도 시설에 보관하고, 현장 장비의 경우에도 노면에서 어느 정도 떨어진 높이에 시설을 준비해야 한다. 중동 지방에서는 비가 거의 오지 않지만, 한국의 봄비 수준의 비만 와도 홍수가 발생한다. 하수 처리 시설이 돼 있지 않거나, 있더라도 소량의 우수만 처리할 수 있기 때문이다. 게다가 사막의 모래로 배수구가 막혀 우수가 흐를 수도 없다. 그러다 보니 사막 지대에 홍수가 발생하는 역설적인 상황이 의외로 자주 발생한다. 현지에서 과거 10년간 발생했던 자연재해 정보를 조사해 프로젝트에 대비하자.

글로벌 프로젝트에서 고려할 자연환경 요소로 사이클론, 태풍, 허리케인, 쓰나미, 홍수, 지진 등 여러 가지가 있지만, 현지에 이러한 자연환경이 일반적이거나 자주 발생한다면 발주처로부터 면책을 받기가 힘들다. 따라서 자연환경으로 인해 프로젝트에 영향을 받을 수 있는 항목을 사전에 조사하고 상황 발생을 가정한 대비책을 세워 두는 것이 필요하다. 불가항력적인 자연재해로 인해 지연이 발생하는 경우에 지연 기간만큼 공기(건설 기간)를 연장받을 수 있으나, 비용 보상은 받기 어렵다.

표 2-3 자연환경 요소 고려 사항

구분	영향 요소	고려 사항
사이클론, 태풍, 허리케인, 폭풍우, 쓰나미, 홍수, 가뭄, 지진, 화재, 화산폭발, 질병	• 발생 가능성 및 빈도	• 계약상 불가항력(Force Majeure) 반영 여부(구체적인 불가항력 사항 명시 여부) • 보험 가입 여부 • 프로젝트 진행 장소의 안전성 여부 • 자재나 장비 보관 장소의 안전성 여부 • 숙소 안전성 여부 • 안전성 확보를 위한 추가 보강시설/장치 구축 필요 여부 및 해당 비용 반영 여부 • 프로젝트 현장 확인 및 현장 조건의 계획 반영 여부
고온, 먼지	• 온도, 습도, 먼지 대응	• 혹서기를 고려한 일정 고려 여부 • 혹서기 중 야간 근무 및 비용 고려 여부 • 방수 및 방진(IP)을 고려한 설계나 장비의 도입 여부 • 먼지 유입 방지를 위한 설계 • 방열 처리 설계(냉각 장치 설치 등) • 단열 처리 설계(단열재 보강 등) • 응결 방지를 위한 제습기 도입 검토 • 결로 처리 방안 고려 여부

> **국가 조사 분석 시 참고할 수 있는 사이트**
> - 한국수출입은행 해외 경제 연구소/국가별 통합정보 (http://keri.koreaexim.go.kr)
> - 해외 건설 엔지니어링 정보시스템/국가별 정보 (http://www.ovice.or.kr)
> - 외교부/국가 · 지역 검색 (http://www.mofa.go.kr)
> - 대한무역투자진흥공사/국가 · 지역정보 (http://news.kotra.or.kr)

2.1.2 산업 조사하기

수행하는 글로벌 프로젝트가 현지 국가의 산업에서 차지하는 위상도 사전에 조사해야 한다. 수행하는 프로젝트가 현지 국가에서 중요한 산업에 속할수록 프로젝트 내외부의 관심도가 높기 때문에 발주처가 지연을 지키거나 프로젝트를 방관할 가능성이 작다. 그러나 관심도가 높아질수록 이해관계자가 많아지거나 추가적인 요구사항이 증가하므로 프로젝트 부담 요인으로 작용할 수도 있다. 중요하거나 관심도가 높은 산업군의 프로젝트라면 증가하는 요구사항을 어떻게 잘라낼 것인지에 관한 방안 수립에 집중한다.

일정 계획을 수립할 때도 고객과의 합동 의사결정 회의를 국내 프로젝트보다는 많이 계획한다. SW개발 프로젝트의 경우 프로토타입을 가급적 빨리 만들어 보여준다.

엔지니어링 프로젝트의 경우라면 일찍 샘플을 제공하고 목업도 최대한 빨리 만들어 고객의 기대심을 조기에 낮춘다. 기대심을 낮춘다는 것은 품질을 낮춘다는 의미가 아니라 프로젝트 결과물을 새로운 것으로 느끼지 않게 자꾸 의도적으로 보여줌으로써 익숙하게 만든다는 의미다.

거꾸로 관심도가 낮은 산업군의 프로젝트라면 고객 관심도 저하로 인해 의사결정이 지연되지 않게 의사결정 시간을 단축할 수 있는 아이디어를 내서 계획 수립에 반영해야 한다. 고객에게 승인받을 문서를 단순히 고객에게 기한 내에 제출하기보다는 고객 문서 검토 시간을 줄이기 위해 고객과 합동 검토 회의를 여러 번 개최해 설명하고 질문을 받는 활동을 이어간다. 영어나 현지어로 문서를 작성하기 때문에 의외로 내용을 이해하는 과정에서 오해가 생기고 승인이 반려되는 경우가 많다. 때에 따라 고객이 내용을 잘못 이해하거나 해석함으로써 불필요하게 반려되는 경우도 있다. 고객의 질문 사항이 많을수록 산출물 승인 시간도 그만큼 지연된다. 가급적 모든 수단을 동원해서 고객에게 설계 내용을 단기간에 이해시키는 것도 수행사의 역할이다.

승인 대상 문서의 작성 진행 상태와 승인 진행 현황을 주간보고나 별도 진척 보고를 이용해 한눈에 볼 수 있게 시각화해 적극적으로 공유한다. 이러한 노력을 통해 고객의 의사결정 시간을 단축한다면 돈으로 시간을 사는 효과를 본 셈이다. 때때로 프로젝트에서 기간의 추가적 확보가 돈보다 더 가치 있을 때가 있다. 프로젝트 기간은 대개 연장하기 어렵다. 따라서 이미 확보된 일정에서 최대한 쓸데없는 지연 시간을 단축해 가용 시간을 확보한다. 지연 시간을 단축할 수만 있다면 추가 비용을 들여서라도 프로토타입, 렌더링, 목업 구축 등의 활동을 적극적으로 수행해야 한다.

수행하고자 하는 글로벌 프로젝트가 현지에서 신규로 하는 사업이거나 선도 산업일 경우 새로운 장비나 신기술 도입에 따른 부작용도 고려해야 한다. 신규 SW 도입 프로젝트의 경우, 발주처의 지식과 경험이 부족해 설계 승인이 지연될 수 있다. 이 경우에 고객에게 설계 문서를 설명하는 것을 넘어 컨설팅 수준까지 담당해야 할 수도 있다. 그럴 경우 추가 비용과 시간이 필요하다. 따라서 글로벌 프로젝트를 수행할 때 고객이 계약 목적물을 어느 정도까지 수용할 수준인지에 관한 조사가 필요하다.

엔지니어링 프로젝트인 경우 투입되는 자재 수급 방안에 대해서도 고려해야 한다. 신규 사업이라면 현지에 기술력이 부족하므로 대부분 자재나 장비를 한국이나 제3국에서 도입할 것이다. 현지에서는 대체 자재나 장비의 수급이 어렵기 때문에 공급이 중단되는 문제가 발생하는 경우 신속한 대처가 어렵다. 자재나 장비의 수급이 중단되는 만일의 상황을 대비해 제2의 백업 방안을 사업 착수 초기부터 마련해 두는 것이 좋다. 생각하지도 못한 문제가 갑자기 발생하는 경우 당황하고 대처 시간도 부족하여 바람직하지 못한 선택을 할 수도 있다. 초기 계획 수립 과정에서 시간적 여유가 있을 때 제2의 대안도 고려해둬야 한다(3.3 '글로벌 조달 – 세계로 수출하기' 참조). 만약의 상황을 대비한 대안을 만드는 과정에서 설마 이런 대안을 나중에 사용할 일이 정말 생길까 하는 의구심이 들 때가 많지만, 글로벌 프로젝트에서는 의외로 사용할 일이 자주 발생한다.

거꾸로 글로벌 프로젝트가 현지 국가에서 중요하게 생각하지 않는 데다가 오래된 산업이라면 어떻게 해야 할까? 오래된 산업은 현지 업체들 간에는 진입 장벽도 높지 않고 기술 범용성이 높은 프로젝트가 많기 때문에 구태여 글로벌 프로젝트로 수행하지 않고 현지 국가에서 현지인들이 프로젝트를 수행했을 것이다. 따라서 오래된 산업에 진입하는 글로벌 프로젝트는 기술적인 고민은 상대적으로 덜 하지만, 레드 오션에 따른 출혈 경쟁으로 글로벌 회사가 수주하기가 쉽지 않다.

표 2-4 산업조사 고려 사항

구분	영향 요소	고려 사항
현지 산업 중요도	• 글로벌 프로젝트가 현지 산업에 미치는 영향도	• 자재 및 인력 대체 수급 계획(원안대로 진행이 어려워지는 상황이 갑자기 발생 시) • 의사결정 단축을 위한 방안 수립 여부

구분	영향 요소	고려 사항
선도 산업	• 현지에서 선도 산업에 속하는지 여부	• 프로토타입, 목업 등의 제작 및 승인 방안 • 고객이 결과물에 조기에 익숙해지게 계획 수립 시 고려했는지 여부 • 운영 및 유지보수 계획 수립 여부(현지 자원과 기술이 없는 점을 감안한 실질적인 대비 계획 고려)

2.1.3 프로젝트 조사하기

글로벌 프로젝트는 프로젝트가 발주되기 전에 사업 태동 배경부터 프로젝트를 둘러싼 환경에 이르기까지 모든 것이 조사 대상이다. 국내 프로젝트를 수행하는 경우 프로젝트를 둘러싼 주변 환경이 큰 변수로 작용하지는 않지만, 모든 것이 어렵고 호의적이지 않은 해외의 낯선 환경에서 살아남으려면 사전 조사가 필수다. 사업 선정 배경과 수행사를 둘러싼 주변 환경을 이해하고 이면에 숨어 있는 요소를 찾아야 한다. 그리고 이를 바탕으로 문제 발생 시 대처할 수 있는 백업 방안을 미리 수립해야 한다.

숨어 있는 리스크를 찾아내려면 외부기관, 유관 업체 등의 업무 경험자를 대상으로 인터뷰를 하거나 현지 대사관이나 대한무역투자진흥공사(KOTRA) 지사를 방문해 조사하는 것도 방법이다. 현지 사이트 및 협력업체 방문과 현지 전문가와의 인터뷰 등 가능한 모든 방법을 동원해 프로젝트 배경 및 주변 환경 조사를 수행해야 한다.

표 2-5 프로젝트 조사 고려 사항

구분	영향 요소	고려 사항
고객	• 고객이 프로젝트를 통해 이루고자 하는 목표(공식적/비공식적 목표) • 신용도 및 지급 능력 • 고객의 프로젝트 관리 능력	• 프로젝트 계획 배경과 고객 관심 사항 파악 여부 • 왜 수행사가 이 사업에 사업자로 선정됐는지, 그 사유(왜 다른 사업자는 선정이 되지 못했는지, 그 사유) • 고객 관심 사항 충족을 위한 준비/계획 반영 여부 • 고객 조직이 계약 목적물을 승인하고 운영할 역량이 있는지 여부(없다면 대안이 고려됐는지 여부) • 고객사 신용도 및 지급 능력 조사 여부 • 캐시플로에 문제없는 기성 지급조건 협의 여부 • 고객 사유로 발생하는 지연을 대비한 방안 마련 여부
의사결정	• 의사결정 구조	• 고객 의사결정 구조와 절차 파악 • 고객 의사결정 지연에 대비한 대응 계획 수립 여부 • (공식, 비공식) 의사결정권자 파악
현지 협력업체 또는 파트너 신용	• 현지 협력업체 또는 파트너사의 신용도 및 능력	• 실질적인 공장(혹은 제조시설) 보유 여부 • 과거 수행했던 곳에서의 평판 확인 여부 • 기술 인력을 보유하고 있는지 여부 (공장/사무실 방문, 재무/신용도 조사, 타 프로젝트 레퍼런스 체크, 대사관 문의 등)
현지 자재	• 현지 자재나 장비 등의 품질	• 현지 자재나 장비 등의 활용 가능 여부 (활용 가능하다면, 현지 자재나 장비 등의 성능이나 신뢰성 여부) • 적재 공간 확보 여부
현지 인력	• 현지 기술 인력의 역량	• 현지 기술 인력 활용 가능 여부(활용 가능하다면, 현지 기술 인력의 능력 검증 여부) • 일정 및 비용 계획상 현지 노동법 및 임금 반영 여부 • 현지 업무 관행의 일정 반영 여부(시간 미준수 문화에서 일정 버퍼가 고려됐는지 여부)

구분	영향 요소	고려 사항
현장 인프라	• 자재의 프로젝트 현장까지 운송 환경 • 전개 사이트 환경 • 현장까지 교통 환경 • 물류 접근성	• 현장 지형 확인 여부 • 주변 시설물 간섭 여부 • 지하 매설물 영향 여부 • 통신 및 전력 품질 • 인터페이스 영역 간섭 부위 여부 • 자재의 프로젝트 현장까지의 이동 동선 • 일정 수립 시 현지 교통환경 및 인프라 고려 여부 • 일정 및 작업 계획 시 교통 혼잡도 반영 여부 • 현장 사이트의 인프라 환경 조사 및 전개 계획 반영 여부 • 자재, 인력 등 현장까지 반입 계획 적정성 여부
세무/회계	• 현지 세무/회계법인	• 현지 세무/회계법인 선정 여부 • 현지 세무 규정 확인 여부

케이스 스터디

A 사는 국내에 풍부한 프로젝트 구축 경험과 실적이 있다. 자사 제품은 이미 검증된 제품으로 해외 시장 어디에서나 통할 수 있다는 자신감이 있다. 따라서 현지 국가 조사는 크게 중요하지 않았다. 기존 국내 프로젝트 성공 경험과 축적된 역량이 있고, 현지에 제품을 공급해 설치만 제대로 완료하면 되기 때문에 기술 외적인 부분은 큰 영향이 없을 것으로 판단했다. 고객과 계약을 무사히 마치고 글로벌 프로젝트를 수행했다. 그러나 프로젝트 도중에 현지 국가의 지속적인 유가 하락으로 재정 적자가 지속됐다. 그 와중에 갑자기 현지 정부가 부가가치세 도입을 전격으로 발표했다. 갑작스러운 발표라서 사전에 준비돼 있지 않았다. 전반적인 물가 상승으로 인해 자재비나 인건비가 상승해 원가에 부정적 영향을 미쳤다. 그러나 더 큰 문제는 계약서에는 부가가치세에 대한 부분이 전혀 고려되지 않았다는 점이었다. 현지 국가의 제도 운용 미숙과 혼란으로 자칫 부가가치세 금액까지 떠안을 수도 있는 위험이 발생했다.

현지 국가에 대한 조사와 대비를 충실히 수행한 프로젝트도 있고 아닌 곳도 있었다. 현지 조사를 충분히 하지 않은 프로젝트는 계약 시 표준 계약 조항으로 계약을 체결했다. 중동 지역 국가들은 지속적인 유가 하락으로 재정 적자가 지속되자 부가가치세 도입을 전격적으로 발표했다. 계약 조항에 사전 대비가 되어 있지 않은 경우 수행사는 자신의 잘못이 아닌 데도 불리한 입장에 처할 수 있다. 신규로 세금계산서 발행 체계를 수립하고 회계시스템을 대폭 수정해야 한다. 물가 상승으로 인한 비용 및 자재 등의 원가 상승과 함께 미비한 법제도로 자칫 부가가치세 금액까지 원가로 떠안을 수 있다.

사전에 국가 환경 조사를 철저히 하여 제도 변경 동향을 인지한 프로젝트는 상황 발생을 대비한 문구를 계약 시 미리 넣어 클레임 근거를 마련해 두었다. 계약 당시에는 아무도 부가가치세가 도입될 것인지 확신할 수 없었기 때문에 클레임 근거 문구를 넣는 것에 큰 거부감이 없었다. 그러나 부가가치세법이 도입되는 시점에서 다음 문구를 새로 넣고자 한다면 계약 변경은 매우 어렵고도 긴 과정이 될 것이다.

> "*국가의 새로운 법령 도입으로 인하여 계약 체결 이후 발생하는 계약 금액 증감은 조정할 수 있다. (The contract price shall be adjusted to take account of any increase or decrease in cost resulting from a change in the Laws of the country including the introduction of new Laws made after the effective date)*".

계약서에 상황 발생을 대비한 문구가 들어 있는지 아닌지가 향후 비용 추가 발생에 대한 클레임에 도움이 된다.

2.2
계약 체결 −
프로젝트 지뢰 제거하기

글로벌 프로젝트는 국가별로 적용되는 법규 차이나 해석상의 차이, 문화 차이로 인한 잦은 갈등 등으로 국내 프로젝트보다는 분쟁 가능성이 높다. 그리고 분쟁 상황 발생 시 해외 중재나 소송에는 상대적으로 큰 비용과 시간이 소요된다. 글로벌 프로젝트를 수행하는 것 자체도 어려운데, 해외 소송까지 동시에 진행하게 된다면 프로젝트를 수행하기가 막막할 것이다. 따라서 계약을 체결할 때 분쟁 발생 상황을 최대한 피할 수 있게 계약서를 작성하는 것이 중요하다.

프로젝트 진행 중에 터질 수도 있는 리스크라는 지뢰를 계약 문구를 이용해 제거하는 활동을 수행한다. 지뢰를 제거하기 위해서는 먼저 땅속에 숨어 있는 지뢰를 찾아내듯 계약서에 숨어있는 리스크를 찾아내야 한다. 이를 위해서는 계약서에 대한 상세한 검토가 필요하다. 가끔 법과 계약서 조항에 익숙하지 못하다는 이유로 계약서를 법무부서나 법무법인에만 맡겨 두는 경우가 있는데, 그럴 경우 지뢰가 완전히 제거되지 않아 나중에 문제 상황이 생길 수도 있다. 법무부서나 법무법인은 법 조항에 대해서는 전문가지만, 프로젝트 내용이나 기술에 대해서는 전문가가 아니기 때문이다. 따라서 프로젝트 팀도 프로젝트 이행과 기술 관점으로 계약서를 검토해야 한다.

앞서 수행한 사전 조사에서 식별된 항목 중에 계약서 문구 조정을 통해 제거할 수 있거나 영향을 최소화할 수 있는 부분이 있다면 계약서에 반영해야 한다. 물론 계약 문구 협상이 쉽지는 않겠지만, 계약이 체결되고 나면 계약서 조정은 더이상 힘들다고 생각하는 편이 좋다. 앞서 조사한 내용을 바탕으로 계약서 작성 시 고려할 사항을 몇 가지 예를 들면 다음과 같다.

- 사업 축소 혹은 취소를 예상해 기성 비율의 적정한 분배(캐시플로 고려)
- 고객 사유로 인한 계약 타절에 대한 보상 규정 적정성
- 발생 가능한 불가항력 항목 명시 및 상황 구체화
- 업무 범위 중 모호한 부분 상세화
- 국가의 법규나 제도 변경으로 인한 비용 증감 조정

프로젝트를 계약하는 방법이나 계약 시에 유의해서 반영할 사항을 모두 기술하면 책 한 권을 넘는 분량이 나올 것이다. 여기서는 글로벌 프로젝트에서 크게 영향을 받을 수 있는 부분을 중심으로 정리했다. 그중 대표적인 것이 '배상과 보상', '하자 보수와 유지보수', '불가항력에 의한 면책', '현지 협력업체와 계약' 부분이다.

이들이 글로벌 프로젝트에서 영향을 크게 받는 이유는 서로 다른 국가에 있는 경제 주체(Entity)끼리 계약을 하다 보니 서로 간에 신뢰도가 낮고 방어적이기 때문이다. 특히, 서로 첫 거래라면 더 방어적이고 철저히 자신의 이익을 보호하려고 한다. 이런 점에서 국내 프로젝트보다는 계약하는 것이 까다롭다. 따라서 계약 검토와 협상을 하는 데도 시간이 더 소요되며, 계약서에 회색 지대(Gray area)가 발생

하지 않게 더 유의해야 한다. 회색 지대란 누구의 범위인지가 모호한 중간 지대를 뜻하는데, 결국 모든 회색 지대는 프로젝트가 진행되면서 이슈와 비용으로 발생한다. 따라서 계약서상의 회색 지대를 없애려고 해야 한다.

계약 협상 과정에서 수행사의 바람과 요구대로 계약 조항이 모두 수정되면 좋겠지만, 현실은 그렇지 않다. 발주처인 고객도 자신의 이익을 보호해야 하므로 자신에게 불리한 계약 조항의 수정에 쉽사리 응하지 않을 것이다. 특히 발주자의 우월적 지위를 이용해 수행사를 압박하는 경우 계약 조항을 수정하기가 쉽지 않다. 따라서 계약서에서 수행사의 뜻대로 수정 사항이 반영되지 않는 항목은 별도로 식별하고 문제 해결 비용을 미리 산정해둬야 한다. 이마저도 예산 제약으로 인해 비용으로 반영하는 것이 어려울 경우에는 '이슈 및 리스크 관리 대장' 또는 '가정 및 제약사항 대장'에 기록해야 한다. 중대한 사항은 경영층에 승인을 받은 후에 지속해서 모니터링 및 업데이트를 하면서 리스크 관리를 수행해야 한다.

또한, 프로젝트 진행 과정에서 각종 회의록이나 주간보고/월간보고서 상에 향후 보상을 받아내거나 다른 건과 맞교환 협상할 수 있는 근거를 틈틈이 기록해둔다. 수행사의 책임을 면제받을 수 있는 증빙자료를 남길 방안을 지속해서 강구해야 한다. 이때 초기 계약 단계에서 어떤 조항이 프로젝트에 불리하게 작용하는지 미리 식별돼 있어야 방안을 강구할 수 있다.

2.2.1 불가항력에 의한 면책 (Force majeure)

불가항력이라는 뜻의 'Force majeure'는 'Superior Force'라는 뜻으로 예상하지 못한 외부 환경으로 인해 계약 의무 이행을 완수하지 못한 것에 대해 책임을 면한다는 뜻이다. 다시 말해서, 프로젝트 진행 시 통제할 수 없는 영역에서 발생하는 불가피한 사정에 대해서는 책임을 지지 않는 것이다. 폭풍우, 낙뢰, 지진, 태풍, 홍

수, 전쟁 등과 같은 통제할 수 없는 사건으로 인해 프로젝트의 계약 의무를 다하지 못한 경우에 책임을 면해준다는 것이다. 따라서 이러한 상황이 발생할 것을 대비해 불가항력 사건을 미리 계약서에 포함해야 한다.

불가항력 사건은 신의 행위(Act of God)로도 정의되는데, 신이 일으키는 감히 통제할 수 없고 예견할 수 없는 행위에 대해서 인간의 의무 불이행은 불가피하다는 개념이다. 글로벌 프로젝트를 수행하다 보면 불가항력적인 사건에 생각보다 자주 마주하게 된다.

불가항력 사건을 계약서에 기술했다고 해서 사건이 발생했을 때 안심할 수는 없다. 사건이 불가항력에 해당하려면 다음 사항이 모두 입증돼야 한다. 즉, 다음 질문에 대해 모두 '없다'라고 답할 수 있어야 한다.

- 계약 당사자에게 귀책 사유가 있는가?
- 계약 당사자에게 예견 가능성이 있는가?
- 계약 당사자의 통제가 가능한 범위에서 일어난 일인가?

불가항력은 채무를 불이행하는 계약 당사자의 책임을 면하는 것이기 때문에 주장하는 측에서 입증해야 하는데, 생각보다 단순하지가 않다. 특히 불가항력 사건이 예견 가능성과 통제 범위를 벗어났는지의 여부는 논란이 될 때가 많다.

예를 들어 한국의 경우 지진은 예견 가능성이 낮은 사건이지만, 일본에서는 충분히 예견되는 사건이다. 또는 10년 전 한국이라면 지진은 예견 가능성이 낮은 사건이지만, 지금은 예견되는 사건이다. 같은 사건도 장소나 시간에 따라 논란으로 이어질 수 있다. 또 다른 예를 들자면, 불가항력 사건이 계약 당사자의 통제가 가능한 범위에서 일어난 것인지 아닌지에 대해서도 고객과 수행사 간에 논란이 될 수 있다.

2017년 6월 5일 사우디아라비아, 아랍 에미리트 연합, 바레인, 이집트, 예멘 등 아랍 7개국이 카타르에 대해 단교를 선언했다. 이들 나라는 카타르와의 단교를 갑자기 선언하고 육로, 해로, 항공로의 모든 운송로와 국경 등을 발표 당일 즉시 차단했다.

그간 자체적인 생산과 조달 능력이 부족한 카타르는 육로를 맞대고 있는 사우디에서 많은 물자와 자원을 운송해 왔다. 특히 중동 지역의 운송 허브인 두바이로부터 트럭과 저렴한 육로 운송로를(두바이→사우디→카타르) 이용해 물자를 수입했다. 그리고 두바이에서 항공 및 해상 운송을 이용해서도 물자를 수입했다. 그러나 사전에 대비할 틈도 없이 주변국으로부터 육로, 해로, 항공로를 갑자기 차단당함으로써 카타르 현지에서 글로벌 프로젝트를 수행하는 많은 기업이 어려움을 겪었다.

> **사우디 등 7개국 카타르와 단교…험악해진 중동 이웃들**
> 한겨레 신문 (인터넷판) 2017년 6월 5일자
>
> 사우디아라비아 · 아랍에미리트연합(UAE) · 바레인 · 이집트 · 예멘 등 아랍 7개국이 5일 카타르와 단교했다.
> 카타르와 국경을 접한 사우디, 바레인, 아랍에미리트연합 등은 카타르와의 국경을 폐쇄하고 모든 교통편도 중단시켰다. 에미레이트항공 등을 비롯해 이들 나라의 국적항공사들은 카타르행 항공편 운항 중지를 발표하고 나섰다. 5개국은 카타르로부터 외교 인력을 철수하는 카타르 외교 인력을 추방하겠다고 발표했다. 카타르 출신 방문객이나 거주자들은 2주 내로 자국을 떠나라고 통보했다. 사우디는 예멘 내전에 개입 중인 수니파 국가 연합군에서 카타르를 제외하겠다고도 발표했다. 몰디브와 리비아도 단교를 선언했다.

그림 2-3 카타르 단교 사태 기사 (한겨레 신문 인터넷판, 2017년 6월 5일 자)

주변국의 갑작스러운 단교 조치로 인해 공사 자재의 주 수입원인 두바이와 사우디아라비아로부터 수입이 중단되자 많은 기업이 불가항력 사건임을 선언하고 공사 지연 혹은 공사 중단 상황에 대해 면책을 주장했다. 단교는 너무나 갑작스러워 아무도 예상하지 못했다. 사우디 등 주변 7개국이 카타르에 큰 충격을 주기 위해 아무도 예상하지 못하게 갑자기 단교했기 때문이다. 프로젝트를 수행하는 국가의 정부와 주변국 간의 마찰과 갈등은 프로젝트가 통제할 수 없는 일이다. 이 사건은 예견 가능성도 없었고 기업들에게 책임이 있지도 않았다. 누가 보더라도 불가항력 사건이다.

그러나 카타르의 많은 발주처는 이 사건이 계약 당사자 통제가 가능한 범위 내에 있다면서 불가항력을 인정하지 않았다. 만일 불가항력으로 인정받으려면 카타르 내 모든 항만과 공항이 마비되어 운송과 수송이 일절 불가능하거나, 전 세계 모든 국가와 단교되어 어떠한 자재도 수입될 수 없는 상황이어야 한다는 것이었다. 비록 사우디아라비아나 두바이 등의 국가들과는 교류가 중단됐지만, 다른 국가에서 수입이 가능하고 항만과 공항이 마비된 것도 아니라고 말했다. 게다가 카타르 민법은 불가항력에 대해 정의하고 있지 않다.

이러한 상황에서 유리한 입지에 놓이려면 불가항력에 대해 구체적으로 정의하고 해당 항목을 자세히 명시해야 한다. 불가항력에 대한 구체적 정의가 계약서에 들어 있고 발생한 상황이 그 정의에 적합할수록 보상받기가 유리하다. 또한, 계약 당사자의 책임이 없는 손실 보상 조항이 충실하게 작성된 경우도 유리하다.

이 글을 쓰고 있는 시점에도 코로나바이러스(COVID-19)가 세계를 휩쓸면서 전 세계 경제를 대공황 수준으로 몰아넣고 있다. 코로나바이러스 사태에도 동일한 논리가 적용된다. 계약서상에 불가항력 사건을 얼마나 구체적으로(예: 단순히 질병으로 명시했는가? 아니면 세계적 유행병 등으로 명시했는가?) 명시했는지와 손실 보상 조항이 얼마나 충실하게 작성됐는지가 향후 보상에 관한 논란을 줄일 수 있다.

2.2.2 배상 및 보상

손해의 배상과 보상은 글로벌 프로젝트에서는 항상 이슈와 논란이 된다. 글로벌 프로젝트는 국내 프로젝트보다 예측하기 힘든 변수가 많아서 배상과 보상 상황에 놓일 가능성이 높다. 특히 처음 거래하는 주체 간에는 프로젝트 성공 여부를 사전에 예측하기 어렵기 때문에 계약 체결 시 배상 및 보상 조건을 놓고 항상 치열한 줄다리기가 벌어진다.

계약상의 배상은 보통 손해배상을 말하는데, 계약 체결 시 미리 손해액을 확정해 둔다. 계약 목적물을 계약된 기한 내 완성하지 못했을 때 발주처가 손실을 보기 때문에 이에 대한 배상액을 미리 규정한 것이다. 확정된 배상액을 지체상금이라고 한다. 지체상금은 공사가 지연될 때 발생하는 손해에 대한 손해 배상액이다. 목적물이 완성되지 못하고 공사가 지연되어 발주처가 입을 손해 금액을 미리 확정한 손해배상이므로 지체상금과는 별도로 손해배상을 청구하지 못한다는 견해가 있지만, 사건의 원인이나 처한 상황마다 달라서 반드시 그렇지는 않다.

손해배상은 보통 계약금의 100% 한도에서, 그리고 지체상금은 10% 한도까지 설정해 두는 것이 좋으나 프로젝트마다 또는 국가마다 받아들이는 한도는 다를 수 있다. 지체상금 조항은 특정 상황에 대해서만 부과하도록 협상 시에 계약 조항을 잘 조율해야 한다. 전반적인 계약 수급인의 과실로 계약 목적물이 제 기능을 다 하지 못하는 경우라면 손해배상 책임을 다해야 할 것이다. 그러나 운영 시 장애가 있더라도 여러 가지 운영상의 대안이 있다면 지체상금 대상에서 제외한다는 항목을 계약서 조항에 삽입하려고 노력한다. 즉, 장애가 발생해도 복구 조치를 몇 시간 내에 완료하면 지체상금 대상에서 제외하는 조건 문장을 넣는 것을 협의한다. 또한, 지체상금은 기성이 완료된 부분에 대해서는 제외하도록 협의한다.

반대로, 고객이나 고객과 계약한 타 사업자의 잘못으로 인해 수행사가 손해를 입는 경우도 발생한다. 이러한 경우에는 클레임을 해서 보상을 요청한다. 보통 추가 비용이나 기간 연장을 요청한다. 자신이 아닌 제삼자로 인해 의무를 이행할 수 없거나 제삼자로 인해 추가 비용이 발생할 경우에 보상받을 수 있는 조항이 계약서에 들어 있다면 이에 기반해 보상을 요청하면 된다. 결국 보상을 요청하는 클레임은 계약 조건에서 시작하기 때문에 계약 체결 시 보상받을 수 있는 대상과 범위를 최대한 반영해두는 것이 중요하다.

글로벌 프로젝트의 계약 단계에서 계약서에 충분히 반영하지 못한 것은 프로젝트의 가정 및 제약사항으로 기록한다. 가정 및 제약사항은 프로젝트 진행 과정에서 지속해서 업데이트하며 관리한다. 프로젝트 진행 중에 지속적으로 입증 자료와 증빙 관리 활동을 수행해야 클레임으로 보상받을 확률을 높일 수 있다. 클레임을 위해 기록 관리 및 제출해야 하는 문서는 다음과 같다.[13]

- 발주자 지시 또는 서명된 서류
- 관련된 발신/수신 공문 (메일 포함)
- 합의서 및 계약서
- 현장 인수서 및 인수 조건
- 현장 지시서(Site Instruction) 및 기타 지시서
- 공정표
- 보고서 (월간, 주간, 일간)
- 기성 서류
- 물량 계산서
- 시험 자료
- 검사 자료

- 회의록
- 현장 작업일지, 시공 사진 등 시공 자료
- 제안서
- 원가 자료
- 물가 보상 자료
- 하도급 업체 자료
- 기타 (각종 표준, 매뉴얼)

클레임을 진행하려면 책임 소재, 인과 관계, 실질적 손해 발생이 입증돼야 한다. 그리고 클레임을 하기 전에 설계에서 시공까지 품질 목표와 절차에 맞게 제대로 진행돼 있어야 클레임을 할 수 있다. 품질이 확보되지 않는 상태에서 클레임을 걸면 오히려 역효과가 난다. 세계적으로 통용되는 국제 건설 표준 계약 조건(FIDIC, Federation Internationale Des Ingenieurs-Conseils)에서는 28일 이내에 클레임을 통지해야 하므로 클레임을 할 때는 통지 기한을 넘어서지 않게 한다.

2.2.3 협력업체 계약

현지 협력업체와 계약을 체결할 때도 발주처와 계약할 때와 마찬가지로 계약서 내에 존재하는 회색 지대를 없애려고 노력한다. 여기서 회색 지대란 보통 발주처와 체결한 계약과 협력업체와 체결한 계약 간에 차이가 발생하는 부분을 말한다. 차이 발생 부분은 수행사의 추가 비용과 추가 시간으로 작용하기 때문에 협력업체와 계약 시에 차이가 발생하지 않게 해야 한다. 고객과 체결한 원 계약과 협력업체와의 하도급 계약 간 차이 발생을 없애려면 백투백(Back-to-Back) 조항을 활용한다. 이는 하도급 계약 내용은 원 도급 계약 내용을 그대로 따른다는 원칙이다.

여러 사정상 어쩔 수 없이 현지 협력업체와의 계약상에 차이가 발생한다면 차이가 나는 부분을 반드시 식별해놓고 관리해야 한다. 이 계약 차이 사항은 비용 계획에 반영돼야 하며, 일정 계획에도 고려돼야 한다. 또한, 이슈 및 리스크 관리 대장에도 등재돼 있어야 한다. 계약 차이 사항의 관리는 프로젝트 진행 시 언제든 발생하기 때문에 매우 중요하다.

턴키 계약의 효율성?

발주자와의 계약과 현지 협력업체와의 계약 간 차이를 최소화하기 위해 협력업체에 업무 범위 중 일부분만 잘라서 턴키 형태로 하도급하는 경우가 있다. 턴키란 열쇠만 돌리면 바로 사용할 수 있게 한다는 뜻으로 계약한 부분에 대해서 책임지고 완결하는 방식의 계약을 말한다. 턴키 계약 방식은 업무를 하도급받은 협력업체가 자신의 책임하에 역량을 최대한 발휘해 계약 범위를 효율적으로 완결할 수 있다는 장점이 있다. 턴키 계약을 맺으면 계약을 체결한 업체는 자신의 역량을 최대한 발휘해 이익 달성과 납기내 성공적인 계약 완료를 목표로 매진한다.

턴키 계약의 키워드는 '책임'과 '역량'의 최대화다. '책임'과 '역량'이 부족한 회사가 턴키 계약을 진행하는 경우에는 턴키 계약의 효율성이 떨어지며 계약자 상호 간에 손해를 볼 확률이 높다. 효율성은 효율성대로 떨어지면서, 문제가 발생해도 수행사가 협력업체 업무의 상세 진행에 관여하지 못하는 딜레마가 생긴다. 턴키를 하지 않고 직접 수행할 때보다 관리해야 할 포인트가 오히려 늘어나는 부작용이 발생할 수 있다.

따라서 글로벌 프로젝트를 착수하기 전에 협력업체에 대해 사전 조사한 결과를 바탕으로 턴키로 부분 도급을 하는 것이 과연 효율적인지 재고 한다. 현지 협력업체가 턴키 계약임에도 책임감이 떨어지거나 역량에 문제가 발생할 소지가 보인다면 애초에 턴키 계약을 하지 않는 것이 좋다. 그러나 다른 대안이 없고 상황상 어쩔 수 없이 턴키 계약을 해야 한다면 목표 달성에 따른 인센티브 조건을 계약에 포함시키는 것도 효과적일 수 있다. 일정 단축 혹은 중요 마일스톤을 정해진 일정 내에 달성할 경우 인센티브를 제공하는 계약을 체결하는 것이다. 그와 동시에 협력업체의 태만으로 인해 사전 합의한 일정 내에 마일스톤을 달성하지 못하는 경우에는 수행사가 인력이나 장비를 별도로 추가 투입하고 추가 비용이 발생한 부분에 대해서는 정산한다는 것을 계약 단계에서 명확하게 하는 것도 한 가지 방법이다.

국내 프로젝트에서는 중소기업 보호를 위해 협력업체 잘못이 아닌 부분에 대해서는 정산이나 추가 요구를 해서는 안 된다. 글로벌 프로젝트에서는 현지 협력업체가 지역적 이점을 활용해 일회성 거래를 한다는 마음가짐으로 계약을 고의로 태만하게 이행하는 경우도 있기 때문에 유의해야 한다.

2.2.4 하자 보수와 유지보수

글로벌 프로젝트에서는 계약 목적물을 구축하는 국가가 한국이 아니다 보니 하자 보수와 유지보수는 프로젝트 종료 단계에서 초미의 관심사가 된다. 국내 프로젝트는 계약 목적물을 구축하는 회사와 인력, 자재 등이 모두 한국 내에 위치하기 때문에 이것이 민감한 주제가 아니다. 그럼에도 불구하고 하자 보수와 유지보수는 한국에서도 프로젝트 종결 시 풀어야 하는 어려운 숙제이기는 하다.

글로벌 프로젝트는 계약 목적물을 구축하고 나면 수행사는 철수해 버리고 전문 인력과 향후에 필요할 수 있는 자재나 장비를 현지에서 구하기 어려운 경우가 많기 때문에 고객 입장에서 웬만해서는 검수하려고 하지 않는다. 목적물을 계약대로 완성했는데도 발주처인 고객이 여러 가지 문제를 만들어 검수해주지 않으면 국내 프로젝트와 달리 해외 체류로 인한 대기 비용이 많이 증가한다.

고객으로서도 검수 서명을 하는 순간에 수행사가 현지 국가에서 철수해 애프터서비스나 하자 보수 등의 지원이 제대로 안 돼 문제가 발생할 것이 예상되면 여러 가지 트집을 잡아 검수 서명을 하지 않는 것이 일반적이다. 계약을 체결하는 당시에는 하자 보수와 유지보수가 먼 훗날의 아득한 일처럼 느껴져 신경을 덜 쓰는 경향이 있다. 그러나 계약 단계에서 하자 보수와 유지보수 조항을 검토하고 철수를 위한 준비를 한다. 철수를 위한 대비가 시작 단계부터 면밀하게 준비되지 않는다면 프로젝트를 종료할 때 현지에서 철수하기가 힘들어진다. 특히, 추가 사업이 없거나 하나의 프로젝트만 일회성으로 수행하고 철수해야 하는 경우라면 철수 대비에 더 심혈을 기울여야 한다.

우선 하자 보수 및 유지보수와 관련해 글로벌 프로젝트에서 자주 사용하는 용어를 정리하면 다음과 같다.

> **하자 보수(Warranty)**: 공급한 물품의 결함으로 인해 하자 발생 시 수리 · 교환하는 활동
>
> **유지보수(Maintenance)**: 공급한 물품이 목적에 부합하는 기능을 수행할 수 있는 조건을 유지하게 보장하기 위한 활동

하자 보수(Warranty)는 일반적으로 고장으로 교체되는 부품이나 교체 활동에 소요되는 비용이 원가에 이미 반영돼 있지만, 계약상으로는 무상인 경우가 많다. 따라서 무상 하자 보수라는 표현을 자주 쓴다. 계약 목적물 구축이 완료되고 예비 준공 확인(Provisional acceptance)을 받으면 하자 보증 기간(Defect Liability Period) 동안 보통 무상으로 이루어진다. 하자 보증 기간이 끝나고 최종 준공 증명(Completion certificate나 Final acceptance certificate)을 받고 나면 그 이후부터는 보증 연장(Extended warranty) 형태로 유상으로 이루어지는 경우가 많다. 따라서 무상과 유상의 용어에 대해서는 사전에 명확하게 하는 것이 좋다.

유지보수(Maintenance)는 구축 완료한 계약 목적물이 지속해서 목적에 맞는 기능을 수행할 수 있게 사전 점검 및 고장 발생 시 교체 활동을 하여 기능 수행 조건을 유지하는 활동이다. 유지보수 활동은 유상으로 수행하기 때문에 계약 시에 원가와 가격이 적정하게 산정돼 있다면 상호 합의된 유지보수 계약과 계획에 따라 진행하면 된다.

글로벌 프로젝트에서 보통 문제가 되는 부분은 하자 보수(Warranty) 범위이다. 국내 프로젝트는 부품 및 전문 인력과 계약 목적물이 한국에 있어서 크게 어려움이 없지만(그럼에도 불구하고 국내에서도 지원 조건과 관련해 분쟁이 일어나는 경우가 있다), 글로벌 프로젝트는 부품, 인력, 고객, 목적물이 지리적으로 멀리 떨어진 나라에 있기 때문에 실무적인 어려움이 발생한다. 고장 난 부품에 대해 하자 보수를 하기 위해 한국에서 출장을 오는 경우 비용이 증가한다. 비용도 문제지만, 해외 출장 이동 시간 등으로 하자 처리 시간이 길어지면 장애 시간이 길어지면서 더 큰 문제를 야기할 수 있다. 따라서 계약서에 소요 시간 및 영향도 조건이 포함돼 있어야 한다. 그리고 계약 조건에 맞게 원가를 산정한다. 단순히 하자 보수 수행이라고 기술하면 생각지도 못한 부대 비용과 시간이 추가로 발생할 수 있다.

프로젝트 진행 중에 현지 업체나 인력을 활용해 하자 보수를 조직적으로 진행하는 방안에 대해서도 고려해야 한다. 또한, 향후 하자 보수나 유지보수의 원활성을 위해 지속적인 기술 지원과 기술 이전, 교육 훈련 등이 활발히 이루어져야 한다. 발주처인 고객이 자신들의 필요에 의해 기술 이전과 교육을 요청하겠지만, 수행사 측에서도 프로젝트를 원활하게 종료하는 데 필수적이기 때문에 스스로 나서서 적극적으로 요청하는 편이 좋다.

기술 이전 및 교육과 같은 사항은 예산 범위 내에서 계약서상에 적극적인 명시가 필요하다. 프로젝트 진행 중에도 여러 가지 아이디어를 동원해 기술 이전과 교육을 착실히 해야 한다. 유지보수 조직이든 하자 보수 조직이든 프로젝트 진행 중에 체계적으로 준비해놓지 않으면 글로벌 프로젝트를 종료하고 유연하게 철수하기가 힘들어진다.

2.3 현지 문화 이해 – 신뢰 확보를 위한 신호 보내기

글로벌 프로젝트에서는 현지 문화를 이해하는 것이 중요하다. 현지 문화를 이해한다는 것은 현지 사람들에게 그들을 존중한다는 신호를 보내는 것이다. 프로젝트를 진행하면서 발생하는 많은 갈등은 상호 간의 문화를 이해하지 못하는 데서 비롯되는 경우가 많다. 갈등은 서로를 반목하게 하고 원활한 커뮤니케이션을 저해하는 데다가 프로젝트 비용을 악화시키는 요인으로도 작용한다. 갈등으로 상호 간의 신뢰가 저하되면 불필요한 비용이 증가한다(3.2.4 '신뢰의 비용' 참조).

문화는 한 민족의 생활 방식으로, 행동 양식, 태도, 물질적인 것을 총칭한다. 문화는 해당 문화권에 속한 프로젝트 구성원의 생각과 행동을 지배하는 근원이 된다. 현지 문화를 이해하지 못하면 영어나 현지 언어를 아무리 잘 구사하더라도 현지인과 의사소통을 원활하게 할 수 없다. 글로벌 프로젝트는 결국 사람이 하는 일이고, 문화의 이해는 프로젝트에 참여하는 사람을 이해하는 첫걸음이다. 문화란 여러 가지로 정의할 수 있지만, 글로벌 프로젝트에서 문화란 프로젝트에 참여하는 구성원이 따르고 준수하는 가치관과 규범 체계로 정의할 수 있다.

국내 프로젝트는 크게 한국이라는 울타리 안에서 통용되는 가치관과 규범 체계를 준수하기 때문에 한국인끼리 서로 이해하기가 쉽다. 그러나 글로벌 프로젝트에서는 이해관계자가 각자 소속된 국가의 가치관과 규범 체계를 준수하기 때문에 상호 간 행동이나 이해 방식의 차이에서 마찰이 발생한다. 따라서 현지 국가의 가치관과 규범 체계를 이해한다. 그리고 현지 문화 이해를 바탕으로 이해관계자가 속한 회사나 기관의 조직 문화를 살펴보아야 한다.

국가의 가치관과 규범 체계는 포괄적이고 광범위한 개념이지만, 현지 이해관계자의 조직 문화에 전반적인 영향을 준다. 현지 국가의 문화가 프로젝트를 수행하는 이해관계자가 속한 현지 조직의 문화에 영향을 미치는 것이다. 예를 들어 한국 지사에 파견돼 일하는 외국인 주재원들이 한국 기업을 바라볼 때 공통으로 이야기하는 것은 '빨리빨리'와 저녁의 '회식' 문화다. 이들이 한국인을 이해하고 한국에서 프로젝트를 잘 수행하고 싶다면 관계 중심적이고 집단주의 성향이 높은 한국에서 '빨리빨리'와 '회식' 문화에 어떻게 대응할 것인지 고민할 것이다. 이런 문화를 이해하지 못하는 경우 스트레스를 받고 한국에 적응하지 못하는 원인이 된다.

문화의 차이는 서로를 이해하기 어렵게 만들어 문화 장벽을 만들고, 이 차이가 크면 문화적 충격을 받는다. 문화 충격을 받으면 현지에 적응해 나가기가 쉽지 않다. 현지에 적응하지 못해 스트레스로 문화 충격을 극복하지 못하면 프로젝트 도중 업무를 포기하고 한국으로 복귀하는 상황이 벌어질 수밖에 없다. 이렇게 계획에도 없는 갑작스러운 철수를 하면 개인이나 글로벌 프로젝트 현장 모두에 손해가 될 수 있다. 따라서 문화를 이해하려는 지속적인 노력을 통해 문화 차이를 줄여나가야 한다.

2.3.1 호프스테더 문화 연구 모델

문화를 이해하려면 유명한 네델란드 심리학자인 호프스테더(G. Hofstede) 문화 연구 모델[14]을 살펴보아야 한다. 지금은 글로벌 시장에 다국적 기업으로 진출하는 것이 일반화된 미국 기업들도 2차 세계 대전 후 글로벌 시장에 하나둘씩 진출하기 시작하면서 시행착오를 겪었다. 그들은 경영 관리는 어디서나 적용할 수 있는 표준화된 활동이기 때문에 현지 문화와는 상관없이 그대로 적용할 수 있다고 믿었다. 심지어 현지 문화가 미국 문화와 맞지 않으면 현지 문화를 미국식으로 바꿔야 한다고도 생각했다. 그러나 현지 문화에 대한 몰이해는 현지인과의 갈등을 일으켰고 그 결과 사업에 실패했다. 현지에서 경영 관리를 안정적으로 수행하기 위한 방법의 필요성을 점차 느끼면서 현지 문화 이해에 관한 많은 연구가 이루어졌다.

호프스테더는 전 세계 50여 개국과 3개의 다국지역(아랍권, 동아프리카권, 서아프리카권)에 근무하는 IBM 근무자를 대상으로 그들이 갖고 있는 태도와 믿음, 가치관을 조사했다. 그리고 그 조사 결과를 바탕으로 국가나 지역 간 문화의 차이점을 조사했다. 그는 이 연구를 통해 국가와 문화에 따라 추구하는 가치가 다르며 여러 가지 관점에서 사람의 태도나 믿음에 차이가 있음을 제시했다. 권력의 거리, 개인주의와 집단주의, 불확실성의 회피, 남성다움과 여성다움으로 국가별 문화를 구분했다.

호프스테더의 문화 연구 모델은 문화를 이야기할 때 빠지지 않고 나오는 주제지만, 몇 가지 한계가 있다. 우선 70년대에 조사한 자료다 보니 현재에는 맞지 않는 점이 있다. 또한 연구에서 지칭하는 국가의 모든 국민이 모두 특정 성향(예: 개인주의 등)을 띤다고 일반화하기 어렵다. 조사 대상 범위로 허드렛일을 하는 말단 직원부터 고급 과학기술자까지 여러 계층을 포괄하려고 노력하기는 했지만, 그들이 해당 국가의 국민 모두를 대표한다고 보기는 어렵기 때문이다. 따라서 '이 나라 사람은 모두 이렇다'라고 일반화해서는 안 된다.

그럼에도 불구하고 호프스테더의 문화 연구 모델을 살펴보는 것은 문화라는 고유의 특징 때문이다. 문화는 쉽게 바뀌기 힘든데, 사람의 생활에 벤 행동은 수십 년이 지난 후에도 유지되는 경향이 있기 때문이다. 문화는 사람들 내면에 하나의 몸과 피부처럼 녹아들어 있어서 잘 바뀌지 않으며 설령 바뀌더라도 세대를 거쳐 천천히 바뀐다는 특징이 있다.

사람들은 그 사람이 속한 국가, 문화, 교육, 환경 등 여러 요소에 의해 가치관과 믿음, 행동이 달라진다. 한국인도 마찬가지인데, 한국의 문화, 교육, 환경 등의 영향을 받아 지금의 내가 생각하는 가치관과 믿음 체계가 형성된 것이다. 따라서 한국인의 가치관과 믿음 체계를 중심으로 현지 문화에 접근하면 이해하기 힘들고 의사소통이 잘 안 돼 여러 가지 갈등이 발생한다. 한국 문화와 현지 문화와의 차이점을 식별하고 상대가 왜 다르게 행동할 수밖에 없는지를 알아내야 한다. 상대가 행동하고 판단하는 근원을 알아내고 문화 간 차이점을 이해한다.

우선, 호프스테더가 제시한 문화 간 차이를 설명하는 요인 중 하나인 권력의 거리에 대해 살펴보자.

권력의 거리 (Large or Small Power distance)

권력의 거리란 사회나 조직 내에서 권력과 부의 불평등함을 수용하는 정도를 나타낸다. 또한, 권력의 중앙 집권화와 권위주의에 대해 받아들이는 정도로도 나타낸다. 권력 거리 수용도가 높은 문화권은 조직 내에 계층과 서열을 인정하고 상급자의 권위나 지시를 수용하는 경향이 높다. 반대로 권력 거리 수용도가 낮은 문화권은 조직 내 상급자와 하급자 간에 평등한 관계를 선호하고, 편안한 분위기에서 하급자가 상급자에게 의견을 개진한다.

표 2-6 권력 거리에 따른 문화적 차이

권력 거리의 수용 정도	권력 거리에 따른 문화적 차이
높음	• 상급자의 지시가 우선 • 독재적 리더십을 따름 • 상급자의 위신이 중요
낮음	• 수평적 평등 관계에서 상하 간 의사소통 • 상급자에 대한 의존 정도가 약함 • 토론 활성화

개인주의와 집단주의 (Individualism vs. Collectivism)

개인주의와 집단주의는 사람들이 사회나 조직 내에서 상호 의존성을 나타내는 정도다. 개인주의는 말 그대로 내가 중요하고 개인의 성취와 자유를 선호한다. 집단주의는 조직 내 연대가 강해 개인보다는 집단의 이익을 더 우선시하는 문화다.

표 2-7 개인주의에 따른 문화적 차이

개인주의의 정도	개인주의에 따른 문화적 차이
높음	• 자신의 이익을 중심으로 행동하는 것을 선호 • 개인의 자유를 중요시 • 경쟁에 익숙함
낮음	• 조직의 이익을 중심으로 행동하는 것을 받아들임 • 조직 내 개인의 상호 연대가 강함 • 친분 있는 사람이 유리

다음 그림은 호프스테더의 연구 자료 중 권력 거리의 정도와 개인주의의 정도를 표시한 도표다. 권력 거리 수용의 정도가 높은 국가들은 집단주의 경향이 있는 반면, 권력 거리 수용의 정도가 낮은 국가들은 항상 개인주의 성향을 보이지는 않는다.

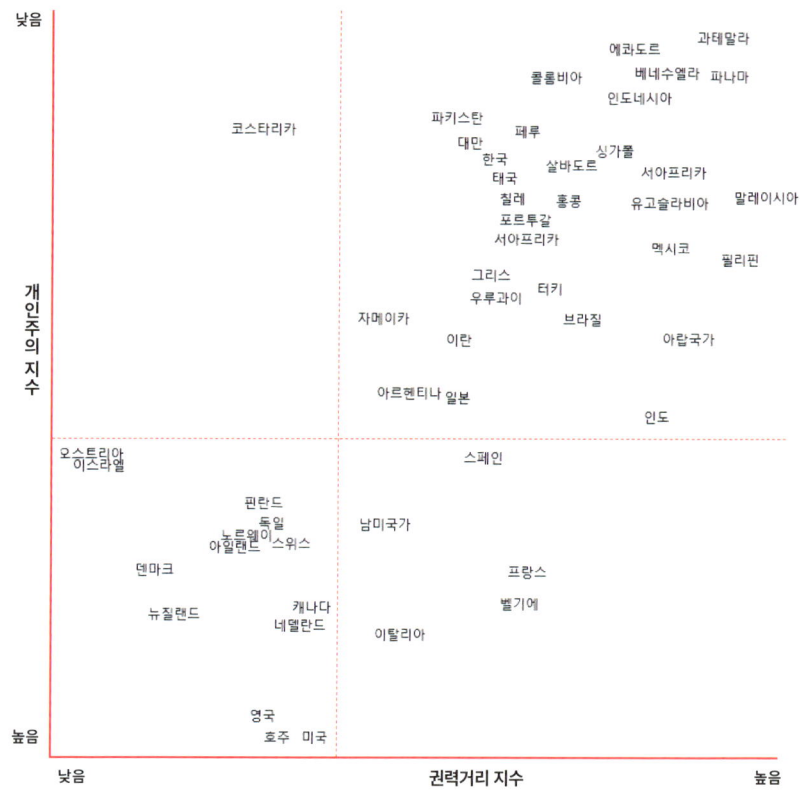

그림 2-4 국가별 개인주의와 권력 거리 정도[15]

불확실성의 회피 (Strong and weak Uncertainty avoidance)

불확실성의 회피는 사람들이 미래의 불확실한 상황을 어느 정도로 수용하는지를 나타낸다. 불확실성 회피 성향이 높은 문화권은 미래의 불확실성에 대한 염려가 크기 때문에 미래의 리스크를 피하기 위해 현재 시점에 안정성을 이루려고 한다. 예를 들어 미래의 예측 불가능한 전쟁에 대비해 신무기 개발을 한다든지 법이나 법규를 만들어 미래의 불확실한 상황에 대비한다. 반면, 불확실성 회피 성향이 낮은 문화권은 미래의 불확실한 상황에 대해 크게 염려하지 않기 때문에 현재를 있는 그대로 받아들인다. 그만큼 주어진 상황에 대해 포용적이다.

표 2-8 불확실성의 회피 성향에 따른 문화적 차이]

불확실성의 회피 성향 정도	불확실성의 회피 성향에 따른 문화적 차이
높음	• 미래의 불확실한 리스크를 피하기 위해 현재 시점에 대비책 마련 • 법, 규정 등의 제정에 적극적임 • 전문가를 선호
낮음	• 미래의 불확실한 리스크에 대해 염려도가 적음 • 타인의 의견에 포용적 • 근심이나 걱정이 적음

남성다움과 여성다움 (Masculinity vs. Femininity)

남자의 역할과 여자의 역할이 얼마나 구분되어 있다고 생각하는지의 정도를 나타낸다. 남성다움 문화권은 남자의 역할과 여자의 역할이 엄격히 구분돼 있다고 믿는 문화권이고 여성다움 문화권은 그와 반대로 남자와 여자의 역할 차이가 크지 않다고 믿는 문화권이다.

남성다움 문화권에서는 눈에 드러나는 성취, 과시와 같은 것이 선호되는 반면, 여성다움 문화권은 전통적인 가정의 가치, 환경 보호나 상호 보살핌이 선호된다.

표 2-9 남성다움의 믿음에 따른 문화적 차이

남성다움 믿음의 정도	남성다움(남자 역할과 여자 역할 구분) 믿음에 따른 문화적 차이
높음	남자의 역할과 여자의 역할은 구분되어 있다고 생각 눈으로 보여주는 형태로 과시하는 것을 중시 큰 것이 좋은 것이라는 사고

남성다움 믿음의 정도	남성다움(남자 역할과 여자 역할 구분) 믿음에 따른 문화적 차이
낮음	남자의 역할과 여자의 역할에 차이가 없다고 생각 과시보다는 인간관계를 우선시 삶의 질을 우선

다음은 호프스테더의 연구 자료 중 불확실성 회피 정도와 남성다움의 정도를 표시한 도표다. 일본은 남성다움의 정도가 매우 높은 국가로 나타난다. 덴마크나 스웨덴은 불확실성 회피지수가 낮으면서도 여성다움의 국가임을 보여주고 있다.

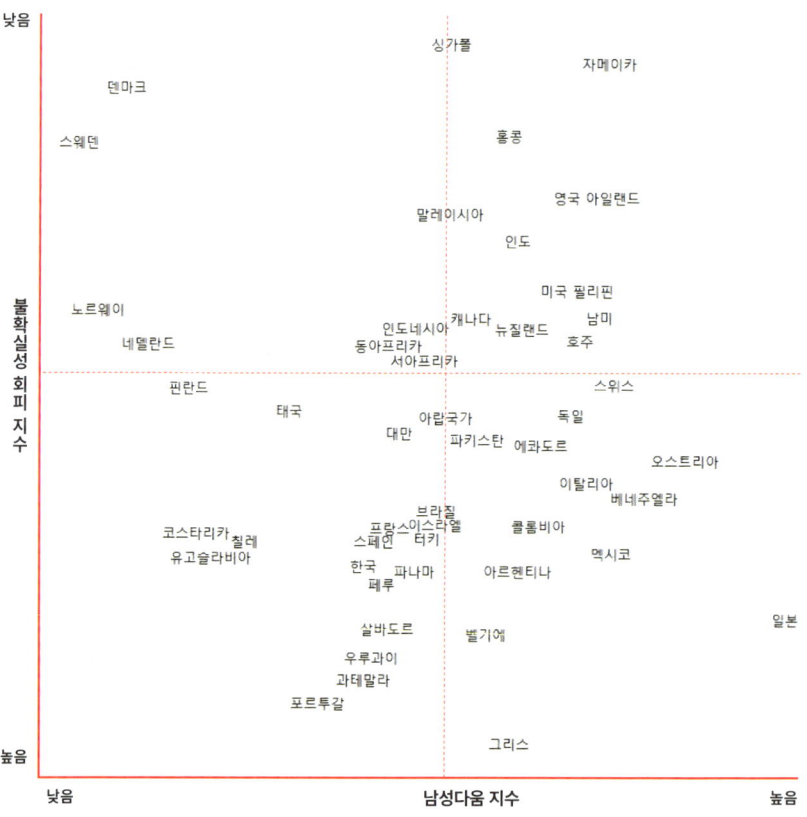

그림 2-5 국가별 불확실성 회피 정도와 남성다움 정도[16]

글로벌 프로젝트에 투입됐을 때 자신이 생각하는 것이 당연하고 상대 행동이 이상하다고 생각한다면 위에 언급한 문화적인 차이 요인을 무시하고 있는 것이다. 문화적인 차이 요인들을 무시한 접근 방식은 갈등을 유발할 수밖에 없다. 글로벌 프로젝트에서는 서로 다른 문화권의 사람들이 각자의 문화권에서 계승 받은 가치관과 신념에 의해 사고하고 행동함을 인지하고, 상대의 문화에 대해 이해의 폭을 넓히려고 노력해야 한다.

2.3.2 문화의 학습

글로벌 프로젝트의 성공 요소로 현지 문화의 이해가 중요하다는 사실은 이미 많이 알려져 있어 한국에도 다양한 사전 교육 과정이 있다. 대한무역투자진흥공사(KOTRA)나 다양한 교육기관에서 주재원이나 해외업무 담당자를 대상으로 교육을 실시한다. 글로벌 프로젝트 투입이 결정됐다면 프로젝트에 투입되기 전에 미리 교육을 수강해 문화 이해의 폭을 넓히는 것이 좋다. 그러나 사전 교육을 수강하지 못했더라도 걱정할 것은 없다. 글로벌 프로젝트에 투입되는 팀원끼리 모여 앞장의 2.1 '사전 조사하기'에 있는 내용을 바탕으로 각자가 사전 조사를 진행하고 결과를 서로 공유하는 것도 좋은 방법이다. 또는 앞서 소개한 호프스테더의 문화 분석 프레임을 놓고 본인이 수행할 프로젝트와 연관되는 국가의 문화를 조사하고 공유하는 것도 좋다. 자신이 조사한 내용이 호프스테더의 조사 결과와 꼭 같을 필요는 없다. 현지 국가 사람들의 행동 경향이나 다른 나라에서 온 조직 구성원에 대해 자신 나름대로 수행한 조사 결과를 제시해도 괜찮다. 글로벌 프로젝트 팀 내에 다른 국적의 팀원이 있다면 그들에게 한국 문화를 소개하는 시간을 갖는 것도 좋은 방법이다.

프로젝트 팀은 문화 인류학자나 문화 전문가가 아니기 때문에 자신의 조사 내용이나 생각이 정확하지 않을 수 있다. 그러나, 중요한 것은 정확성에 있는 것이 아니다. 상대방의 문화를 이해하려고 노력하는 것이다. 이렇게 현지 문화를 학습하려고 하고, 조사한 내용을 현지인과 공유하는 것은 내가 현지인에게 관심이 있다는 신호를 보내는 것이다. 현지 국가의 사람들도 자신의 문화권에 대해 이해하려고 노력하는 사람들에게 마음을 열게 된다. 이런 과정이 하나씩 축적되면서 신뢰가 쌓여가는 것이다.

문화를 조사하고 학습하는 데 참고할 수 있는 템플릿은 다음과 같다. 내가 속한 문화권의 특징과 상대방 문화권의 특징을 기술해 보고 그 차이를 어떻게 극복할지 적어보자. 막연히 머릿속에 떠돌던 것을 템플릿에 직접 적다 보면 극복 방안이 구체화될 것이다.

표 2-10 상대방 문화권 이해를 위한 템플릿

구분	항목	내가 속한 문화권	상대방의 문화권	차이 극복 전략
권력 거리 수용 정도	• 수평 관계의 의사소통을 선호하는가? • 상급자와 하급자의 위계가 강한가? • 사회나 조직 내 신분 차이가 존재하는가? • 상급자의 지위를 이용하는 것을 권력 남용이라고 인식하는가?			
개인주의와 집단주의	• 개인의 이익(또는 개인 자유)과 조직 내의 연대(또는 조직 활동) 중 어느 것을 우선시하는가? • 친분 중심인가, 개인 성과 중심인가? • 경쟁을 중요시하는가, 온정주의를 중요시하는가? • 사회적 명망이나 위신을 중요하게 보는가?			

구분	항목	내가 속한 문화권	상대방의 문화권	차이 극복 전략
불확실성 회피 정도	• 불확실한 미래에 대해 수용적인가? (현 시점에서 불확실함을 방지하기 위한 노력을 하는가?) • 상대의 직접적인 의견 제시에 포용적인가, 불편해 하는가? • 시간은 있을 수도 있고 없을 수도 있다고 생각하는가, 아니면 시간은 돈이라고 생각하는가? • 열심히 일해야 한다는 강박감이 있는가? • 명문화된 규칙과 규범을 선호하는가?			
남성 다움의 믿음 정도	• 겉으로 드러나는 것을 중요시하는가? • 상호 간 관계를 우선시하는가, 아니면 개인의 독립성을 우선시하는가? • 성과와 성장을 우선시하는가, 아니면 생활의 질을 우선시하는가?			
고맥락과 저맥락 정도[17]	• 자세하고 정확한 지시에 의해서만 움직이는가, 아니면 눈치, 감, 분위기로도 움직이는가? • 간접적 표현을 선호하는가, 직접적인 표현을 선호하는가? • 자신보다 타인의 입장을 우선하는가? • 자기의 표현과 유창함을 선호하는가?			

케이스 스터디

C 프로젝트에서는 설치 시작 단계부터 작업이 지연됐는데도 현지 협력업체 기술자들은 원래 이 나라는 시작할 때 다 이러니 걱정하지 말라며 'No problem'을 연발했다. 일정에 계속 차질이 생기고 개선될 조짐이 보이지 않는데도 현지 협력업체의 말단부터 사장까지 모두 'No problem'을 연발했다. 결국, 일정 차질 문제는 프로젝트 기한 내에 만회가 어려울 정도로 커졌다. 도저히 현지 협력업체의 말만 듣고는 믿고 진행할 수 없겠다는 판단이 들자 다른 대안 업체를 긴급 수배하고 별도 인력을 추가 투입하는 등 급한 불 끄기에 들어갔으며 이것은 고스란히 추가 비용으로 발생했다.

문화권에 따라 'No problem'의 뜻이 한국인의 생각처럼 문제가 없다는 것이 아니라 '대충 그렇다'라고 대화를 마무리하는 용도로 표현하는 국가도 있다. 한국인 입장에서는 상대가 저렇게 문제가 없다고 확신하니 무슨 방안이 있을 것으로 생각하지만, 현지인 입장에서는 대충 될 수도 안 될 수도 있다고 얘기를 해왔는데 왜 이 한국인들이 갑자기 이렇게 달려드나 싶을 수 있다. 글로벌 프로젝트에서 'No problem'이라는 말은 실제 문제가 있는지 없는지를 떠나 불필요한 단어다. 실제 문제가 있는지 없는지의 판단은 프로젝트 진행 중에 생산되고 수집되는 수많은 데이터를 기반으로 해야 한다. 예를 들면, 설계 문서 승인율, 승인에 걸리는 시간, 공장 검수 합격률, 자재 반품률, 자재 투입률, 인력 투입률, 각종 테스트 성공률 등 지표 데이터를 기반으로 문제 유무를 판단한다. 이러한 데이터를 수집해 사전 정의해둔 기준을 만족시키는지 아닌지에 따라 의사결정을 진행해야 한다.

2.4
글로벌 팀 구성 –
하나의 팀 만들기

프로젝트를 착수하고 나면 요구사항을 정의하고 계약 목적물의 설계에 들어간다. 그러나 프로젝트 체계 자체의 설계도 중요하다. 글로벌 프로젝트를 제대로 수행하려면 프로젝트 관리자는 프로젝트가 기술, 사람, 문화의 관점에서 조화롭게 진행될 수 있게 프로젝트 체계를 설계한다. 기술은 각자가 맡은 분야의 기술 전문성을 확보하는 것이고, 문화는 앞서 2.3 '현지 문화 이해하기'에서 살펴본 것처럼 문화 이해도를 갖추는 것이다.

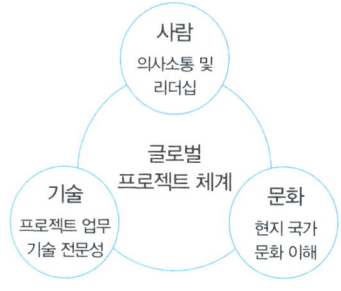

그림 2-6 글로벌 프로젝트 체계

글로벌 프로젝트를 수행할 사람으로는 기술을 잘 알면서 문화를 이해하고 현지 언어나 영어를 잘 구사하며 리더십이 있는 사람이 적합하다. 그러나 현지 언어나 영어를 잘하면서 기술도 잘 알고 문화를 이해하면서 리더십까지 발휘하는 사람은 찾기가 대단히 힘들다. 외국어를 잘하면 기술이 부족하고, 기술이 뛰어나면 외국어가 부족하고, 문화를 잘 이해하는 사람은 다른 무언가가 부족한 경우가 많다. 따라서 이 모든 역량을 다 갖춘 사람을 찾으려고 하지 말고(물론 구할 수 있으면 좋지만) 각 분야에서 뛰어난 사람을 찾아서 팀을 갖춘 후 꾸준한 교육과 훈련을 수행해 부족한 부분을 성장시키는 방향으로 나아가야 한다.

조직 내 개인의 성장은 본인이 스스로 하는 것인가, 아니면 조직이 시켜주는 것인가에는 논란이 있다. 자신이 주도적으로 성장하려고 노력하지 않으면 조직에서 아무리 교육이나 훈련을 해도 한계가 있기 때문이다. 그러나 조직 내 성장을 개인에게만 맡겨 두면 조직 목표나 방향성과 일치하지 않아 조직 경쟁력이 떨어진다. 팀원을 성장시키는 것은 프로젝트 관리자가 맡은 여러 책무 중의 하나다. 팀원이 잘하는 분야에만 안주하지 않고 다양한 분야의 업무 경험을 쌓을 수 있게 프로젝트 관리자가 배려해야 한다. 팀원 입장에서도 자신이 잘하는 부분의 역량뿐만 아니라 기술, 현지 국가의 문화 이해, 외국어 역량, 리더십을 골고루 갖출 수 있게 스스로 성장해야 한다.

2.4.1 목표와 룰 공유

프로젝트 착수 초기에 프로젝트 관리자는 글로벌 프로젝트가 추구하는 목표와 가치에 대해 팀원 및 이해관계자와 사전에 공유해야 한다.

미국의 인류학자 에드워드 홀은 문화인류학에 대해 연구를 수행한 저명한 학자로 많은 저서를 남겼다. 그중 하나인 『문화를 넘어서』(한길사 2000, 원서: 『Beyond

Culture』[18])에서 그는 문화권을 고맥락 문화(High Context culture)와 저맥락 문화(Low Context culture)로 구분했다. 의사소통을 할 때 직접적인 표현과 문자에 의존하는 경향이 적을수록 고맥락 문화다. 고맥락 문화권에서는 자신이 하고자 하는 말이나 의도를 상대방이 알고 있다고 생각하는 경향이 있다.

고맥락 문화권에 속한 한국인은 프로젝트를 착수하면 프로젝트가 지향하는 목표와 가치를 굳이 말하지 않아도 팀원들이 알고 있을 것으로 생각할 때가 있다. 실제로도 유사한 프로젝트를 수행한 경험이 있는 팀원들은 프로젝트 관리자가 굳이 목표와 가치에 대해 말을 하지 않아도 그간의 경험과 기대를 바탕으로 인지하는 경향이 있다. 그러나 글로벌 프로젝트에서는 고맥락 문화권의 한국인만 있는 것이 아니기 때문에 저맥락적 접근이 필요하다.

글로벌 프로젝트는 착수할 때 추구하는 목표와 가치에 대해 팀원과 이해관계자에게 명확하게 공유해야 한다. 또한, 상호 간 컨센서스를 이루는 활동도 중요하다. 이렇게 하지 않으면 목표와 가치에 대해 이해하지 못하는 사람이 생겨 프로젝트의 목표 달성을 위한 노력을 분산시키며 갈등 요소로 작용한다. 워크숍이나 교육, 별도 회의나 점심 식사 등 다양한 방법을 이용해서 목표와 가치를 공유한다. 프로젝트 일정, 이슈, 범위, 품질 방안 등 프로젝트 팀원이 함께 알고 있어야 할 사항에 대해 함께 모여 공유한다. 또한, 착수 초기에 현지 국가와 문화에 대해서도 관련 내용을 발표하고 공유하는 시간을 갖는다. 정보가 단절됨이 없이 모든 팀원이 정보를 공유할 수 있게 프로젝트 관리자가 세심하게 살펴봐야 한다.

글로벌 프로젝트는 특성상 팀원이 서로 다른 시간대에 근무함에 따라 근무 연속성을 저해할 수 있으므로 글로벌 프로젝트 그라운드 룰도 함께 공유한다. 예를 들어 국가 간 회의 시 시간대를 고려한 표준 회의 시간대를 설정하고 정기적으로 컨퍼런스 콜을 한다. 특별한 상황이 없더라도 정기적인 시간대에 원격 미팅이 가능하게 규칙화해야 한다. 그렇게 하지 않으면 중간에 바쁜 일이 생기는 경우 각자 바빠져서 규칙적인 미팅 진행이 흐지부지되면서 정보가 잘 공유되지 않는 현상이 발생한다. 일이 있든 없든 원거리에 있는 팀원 간 정기적인 원격 미팅은 중요하다.

2.4.2 역할과 책임 명확히 하기

국내 프로젝트는 프로젝트 팀원의 역할과 책임이 모호하게 주어지는 경우가 있다. 이는 프로젝트가 체계적이지 못해서라기보다 고맥락 문화권에 속한 한국인들은 자기 역할과 책임에 대해 눈치껏 알고 움직이는 경향이 있기 때문이다. 심지어 프로젝트 도중에 역할과 책임이 바뀔 때도 있다. 이 경우에 책임 소재가 불분명해지고 자신의 역할에 대해 인식하지 못하는 사람도 생길 수 있다는 단점이 있다. 그러나 프로젝트 내에서 진행되는 단계나 상황에 맞게 유연한 업무 배분과 역할 수행이 가능하다는 장점도 있다. 글로벌 프로젝트에서는 한국인만 일하는 것이 아니기 때문에 역할과 책임이 모호하면 부작용이 커진다. 고맥락 문화권, 저맥락 문화권을 가리지 않고 외국인들은 자신의 직무 정의서에 역할과 책임이 명확히 명시돼 있지 않으면 업무를 수행하려 들지 않는다. 그리고 자신의 직무 정의서에 명시되지 않은 업무를 요청하는 경우에도 수행하려고 하지 않는다. 따라서 프로젝트 팀 내 구성원의 역할과 책임을 직무 정의서에 구체적으로 명시하고 팀원과 공유한 후 컨센서스를 이루어야 한다.

채용 단계부터 역할과 책임을 구체화해 팀원 각자에게 부여해야 한다. 역할과 책임은 향후 성과 측정 및 임금 협상의 기초 자료로도 활용되므로 신중하게 상세화해야 한다. 프로젝트가 본격화되고 바쁘게 진행되는 상황이 되면 팀원 간 업무의 배분이 유연하게 되지 않을 수 있다. 초기에 필요한 직무를 신중하게 작성하지 않으면 프로젝트가 바쁠 때 당장 필요한 부분에는 사람이 없고, 필요 없는 부분에는 사람이 남는 현상이 생길 수 있다. 이러한 현상이 발생하더라도 국내 프로젝트와는 달리 유연하게 업무 배분이나 역할 재배치가 어려운 경우가 많다. 따라서 프로젝트 진행 기간에 요구되는 일의 양을 예측해 직무 정의를 초기에 신중히 설계한다.

한국은 팀원 중 일부가 1인 2역 또는 일인다역을 수행하는 경우가 있으나, 문화적 특성에 따라 두 가지 이상의 역할을 수행하는 것을 어려워하는 사람도 있다. 따라서 팀원의 역할과 책임에 대해 업무 성격과 일의 양을 놓고 면밀한 업무 분장 계획이 필요하다. 배분된 업무에 대해서 팀원과 함께 모여 어떻게 목표를 달성할 것인지 컨센서스를 이룬다.

프로젝트 내 각 분야 조직의 자율권과 조직 구조는 다국적 팀원의 구성 정도와 문화적 성향을 고려해 구성한다. 문화에 따라 자율성이 주어져야 성과가 발휘되는 국가도 있고, 자율성보다는 하향식(Top-Down)으로 업무를 진행해야 성과가 발휘되는 국가도 있다. 현지 문화의 특성을 파악해 프로젝트 내 갈등을 줄이면서 동시에 높은 성과를 낼 수 있게 조직 구조를 편성한다.

현지 기술 인력은 구직 포털을 이용하거나 인력 공급업체를 이용해 채용한다. 프로젝트를 수행하는 분야의 현지 산업 성숙도에 따라 경험을 갖춘 기술자의 수급 정도가 좌우된다. 또한, 현지 경기가 활황기인지 불황기인지에 따라서도 수급의 용이성이 다르므로 경기 상황도 체크해야 한다. 사전 조사 없이 무턱대고 인력 채용 및 투입 계획을 세웠다가 인력이 수급되지 않아 일정에 차질이 생길 수도 있으니 유의해야 한다.

채용 및 이직이 자유로운 나라는 채용이 쉬운 반면 중간에 프로젝트를 갑자기 그만두는 경우가 많아 인력을 관리하기가 어렵다. 한국 기업에 적응하지 못하거나 좋은 조건을 제시하는 다른 회사로 자주 이직하기도 한다. 프로젝트에 필요한 인력 수요와 기간을 고려해 근로 계약 기간을 확정한다. 업무가 완료되면 근로 계약이 종료되게 한다. 또한, 다양한 인센티브 제공이나 현지에 맞는 유연한 조직 문화를 갖춰 인력이 계속 유지될 수 있게 프로젝트 관리자가 주의를 기울여야 한다.

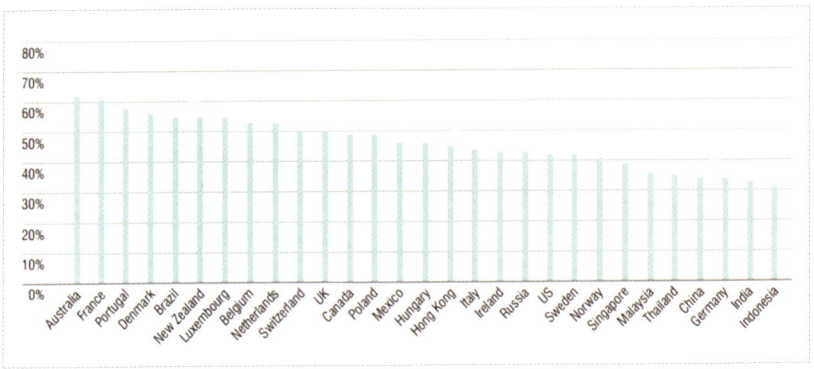

그림 2-7 국가별 1년간 이직률 통계 (출처: Kelly global workforce index[19])

극단적으로 현지 국가의 비자 스폰서나 고용주 서면 허가가 없으면 이직 자체가 불가능한 제도를 운영하는 국가도 있다. 이 경우에 근로자는 한 번 채용되면 자유롭게 이직할 수 없다. 이직하기 위해서는 비자 스폰서나 고용주가 서면 허가를 해야 하기 때문이다. 그러나 특별한 경우가 아닌 이상 서면 허가를 쉽게 해주지는 않는다. 이것은 단순 노동자뿐만 아니라 일반직이나 엔지니어에게까지 적용된다. 따라서 비자 스폰서나 고용주로부터 서면 허가를 받지 못하는 경우에 현지에서 엔지니어를 수급하는 것이 어려워 다른 나라의 인력을 현지로 데려와 채용하기도 한다. 중동 지역을 예로 들면 카타르를 포함한 사우디아라비아, 레바논, 아랍에미리트, 바레인 등의 국가에서 이러한 관리 방식을 선호한다. 그러나 이 방식은 인권 침해 이슈로 인해 개선되는 중이다(그림 2-8 참조). 국가마다 인력 채용 시스템이 다르므로 현지 노동법 규정을 꼭 파악해둬야 한다.

> **카타르, '노예계약' 비판 외국인근로자 후견인 제도 폐지**
>
> 연합 뉴스 (인터넷판) 2016년 12월 13일자
>
> (테헤란=연합뉴스) 강훈상 특파원 = 카타르 정부는 12일(현지시간) 외국인 근로자의 후견인 제도(카팔라)를 사실상 폐지한다고 밝혔다.
>
> 카팔라는 카타르에서 장기간 일하는 외국인 근로자가 거주 비자를 받기 위해 현지 고용주가 인적 보증을 서는 제도로, 이직·이사·출국 등까지 제한할 수 있어 국제 인권단체에서 '노예계약'이라는 비판을 받아왔다.
>
> 이번에 개선된 법에 따르면 외국인 근로자가 휴가나 급한 일이 생겼을 때 고용주에게 알리기만 하면 출국할 수 있는 권리를 부여했다.

그림 2-8 근로자 이직 자유가 없는 경우의 예 (연합뉴스 기사 인터넷판, 2016년 12월 13일 자)

2.4.3 시스템화된 프로젝트 관리

글로벌 프로젝트는 서로 다른 시간대에서 서로 다른 문화권의 사람들이 모여 진행하기 때문에 시스템에 의한 프로젝트 관리가 필수적이다. 요즘은 회사마다 전용 프로젝트 관리 시스템을 개발해 일정, 이슈, 품질, 운송, 인력, 비용을 통합 관리한다. 그러나 개별 회사 전용의 프로젝트 관리 시스템은 사내 여러 시스템과 연계되어 복잡할뿐더러 보안 문제로 인해 협력업체 및 고객과 함께 통합해 사용하기 어려운 것이 현실이다.

보안이 문제라면 일정 관리 및 산출물과 각종 보고 문서 관리에 대해서는 협력업체용과 고객용으로 나눠 별도로 운용하는 방법을 고려한다. 여력이 된다면 범위 관리와 품질 관리에 대해서도 협력업체용과 고객용으로 나누어 운용한다. 최근에는 클라우드 기술이 발달해 네트워크 속도만 따라준다면 별도의 전용 서버를 구축하지 않고도 현장용 프로젝트 관리 시스템을 운용할 수 있다.

2.4.4 외부 지원팀 확보

글로벌 프로젝트를 착수하면 현지 한국 대사관을 방문해 진행하는 프로젝트에 대해 소개하고 현지 비상 연락망을 구축해둬야 한다. 글로벌 프로젝트는 정치 및 경제적 환경 요인에 의해 많은 영향을 받는다. 현지 국가의 한국 대사관과 정보를 교환하면서 국가적 이슈 상황 발생 시 현지 한국 대사관과 정보를 교환하고 상황에 대처할 수 있게 한다.

또한, 글로벌 프로젝트는 물리적 거리의 한계로 인해 본국의 지원을 받기 어려울 때가 많다. 따라서 착수 초기부터 현지에 프로젝트를 도와줄 아군을 확보하고 있어야 한다. 특히 현지에 프로젝트를 지원할 법률 자문회사를 확보해두는 것이 중요하다. 현지 법령은 한국과는 다르기 때문에 현지 법률 자문회사만큼 법적인 자문과 지원을 해줄 수 있는 조직이 없다. 상시 자문이 어려우면 건별로 자문을 받는 것도 괜찮으니 현지 법률 자문회사를 꼭 확보해야 한다.

현지의 세무, 회계법을 고려한 세무, 회계 서비스 지원을 받을 수 있게 현지 세무 및 회계 회사도 선정한다. 국가에 따라 모든 외국 회사들은 반드시 회계 감사를 받아야 하는 곳도 있다. 세무 및 회계 회사를 이용해 현지 법령을 위반하지 않도록 검토와 자문을 받을 수 있게 조치한다. 이들은 현지에서 프로젝트를 지원해주는 든든한 지원팀 역할을 한다.

케이스 스터디

D 프로젝트에서는 현지 협력업체가 다른 프로젝트를 수행하다가 발생한 손해를 마치 본 프로젝트에서 추가 비용이 발생한 것처럼 주장했다. 그 추가 비용 요구를 받아주지 않자 전체 공정에 문제가 커지는 시점에서 기습적으로 추가 비용을 요구했다. 현지 협력업체는 추가 비용을 주면

작업을 진행하고 추가 비용을 주지 않으면 작업을 하지 않겠다며 공문을 보냈다. 이 경우, 협력업체의 비합리적인 제안을 받아들이지 않는 경우 자재 수급을 하지 못해 공정 지연에 따른 페널티가 발생할 것이다. 그렇다고 추가 비용 요청을 받아들이면 손실이 발생한다. 기습적인 추가 비용 요청을 놓고 협력업체와 논쟁하며 힘든 시간을 보냈다. 한국의 경우라면 자신의 명성과 신뢰에 악영향이 생겨 향후에 다른 사업을 하기 힘들어지므로 협력업체의 행동이 달랐을 것이다. 현지 협력업체의 부당한 요구를 소송으로 해결할 수는 있지만, 해외에서의 소송은 막대한 비용이 소요되고 마무리까지 걸리는 시간을 예측하기 힘들기 때문에 쉽게 그 길을 선택하기도 어렵다.

이러한 경우에는 팀워크가 얼마나 잘 갖춰져 있는지가 협력업체와의 대응에서 유리한 입지를 차지하는 데 도움이 된다. 일단 협력업체의 추가 비용 발생 원인을 놓고 기술, 비용, 일정, 품질, 조달 등 각 분야에서 경험을 가진 팀원들이 상황을 분석하고 적극적인 아이디어를 내서 프로젝트에 미칠 피해를 최소화하려고 노력한다. 클레임 대응이나 문제 상황 대응은 프로젝트 내 몇몇 특정인이 해야 하는 일이 아니다. 프로젝트 팀원 모두가 함께 모여 전방위적으로 대응해야 문제를 해결할 수 있다. 투명한 정보를 바탕으로 팀원끼리 상호 소통하고 아이디어를 내는 분위기가 프로젝트 초반부터 갖춰져 있어야 한다. 팀워크는 급하게 만든다고 만들어지지 않는다.

상기 케이스의 경우 프로젝트 수행사는 팀워크가 좋아서 협력업체의 주장에 대해 전 팀원이 단합해서 여러 가지 방안과 협상 아이디어를 도출했고, 또한 좋은 경찰, 나쁜 경찰 전략으로 담당자 역할을 나눠 교대로 현지 협력업체와 협상했다. 즉, 한 팀은 협력업체를 몰아붙이고, 한 팀은 협상을 풀어가는 역할을 담당하였다. 반면 현지 협력업체의 경우에는 팀워크가 잘 갖춰져 있지 않아 기습적으로 공격하듯 추가 비용을 제안할 것이라는 중요한 정보가 협력업체 말단 직원으로부터 흘러나왔다. 그래서 대응 방안을 미리 강구할 수 있었다. 심지어 협력업체가 다른 프로젝트에서 발생한 손해를 몰래 포함해 청구한다는 사실까지 알게 됐다. 이는 모든 팀원이 합심해 정보를 수집한 결과였다. 이를 바탕으로 추가 비용의 지급 없이 대금 지급 비율을 조정하는 선에서 협상을 마무리했다. 좋은 팀워크는 교과서적인 중요성도 있지만, 갑자기 위급한 문제가 발생했을 때 그 문제를 찾아내고 해결하기 위한 조직 대응력 차원에서도 중요하다.

2.5
글로벌 WBS
(Work Breakdown Structure) 수립 –
생산성과 시간 다루기

한국도 최근 생산 가능 인구 감소 및 각종 규제로 인해 생산성이 점차 둔화된다는 이슈가 있다. 그러나 국내에서 프로젝트 계획을 수립할 때는 기존에 경험한 생산성 자료가 축적돼 있어 생산성 자체가 큰 변수가 되지는 않는다.

그러나 글로벌 프로젝트의 WBS(Work Breakdown Structure) 작성에는 현지 생산성이 중요한 요소로 작용한다. WBS란 작업 분할 구조도로, 프로젝트 업무를 작은 작업 단위로 분할한 구조도를 말한다. 동일한 작업이라도 한국에서 걸리는 작업 소요 시간과 글로벌 프로젝트에서 걸리는 작업 소요 시간은 다르다. 게다가 시간관념도 국가마다 다르기 때문에 이러한 차이를 WBS 작성 시 고려해야 한다. 한국과 같은 생산성을 예상하고 WBS 계획을 수립하면 결국 일정에 차질이 생기는 낭패를 보게 된다.

2.5.1 생산성의 차이

글로벌 프로젝트를 수행하다 보면 한국에서 경험했던 생산성과는 다르게 현지의 낮은 생산성과 느린 작업 속도에 놀랄 때가 많다. WBS를 만들 때 현지에 투입되는 인적 자원의 생산성이 제대로 반영되지 않으면 수립된 일정 계획에 차질이 발생한다.

엔지니어링 프로젝트의 경우, 해외 저개발 국가 노무자들이 설치 공사를 진행할 때 생산성이 낮다. 선진국일수록 자국민들은 어렵거나 힘든 일을 하려고 하지 않는다. 그리고 인건비가 높아 자국민들을 단순 노무에 활용하기는 어렵다. 선진국이나 인건비가 높은 국가에서는 자국민을 노무자로 활용하기에는 수지타산을 맞추기 어려워 저개발국의 인력을 송출 받거나 해외 노동자를 이주 받아 자국의 부족한 노동력 문제를 해소한다.

글로벌 프로젝트 현장의 설치 공사에 해외 저개발 국가에서 온 이주 노동자 구성 비율이 높으면 책임감 있게 일하려는 경향성이 떨어진다. 모든 사람이 그렇다고 일반화하기는 어려우므로 경향성이 떨어진다는 표현을 사용했다. 낮은 책임감은 생산성을 낮추는 데 큰 역할을 한다.

역설적으로 해외 저개발 국가에서 들어온 이주 노동자들은 본국에 남아 있는 가족들을 부양할 책임을 강하게 느끼기 때문에 대부분 책임감이 큰 사람들이다. 책임감이 큰 사람들이 책임감이 낮다는 딜레마가 생기는 것이다. 그들은 저개발국인 자기 나라에서 일하는 것보다 더 많은 임금을 받으려고 해외 송출 브로커에게 몇 년 치 월급에 해당하는 높은 비용을 지불하고 잘사는 국가로 넘어온 것이다. 일단 이주하고 나면 현지 생활비는 최대한 아껴 쓰고 자신이 받은 임금 대부분을 본국에 있는 가족에게 송금한다.

해외 근로자를 많이 송출하는 대표적인 국가인 필리핀의 2019년 해외송금 유입액은 335억 달러로 필리핀 국내 총생산의 10%에 해당한다.[20] 마치 1970년대 중동 지방에서 일하던 한국인들을 보는 듯하다. 이들은 어떻게 해서든 자신의 노동력을 잘 보존해 본국으로 지속적으로 송금해야 한다. 그렇기 때문에 구태여 무리하게 일하다가 몸을 상하게 하는 것은 피한다. 또한 리스크가 있는 일을 하다가 뭔가 잘못돼 임금 손실이 발생하거나 본국으로 쫓겨나 되돌아가는 상황도 피해야 하므로 자신이 책임져야 할 상황에 놓이는 것을 최대한 회피하려고 한다. 따라서 그들 입장에서는 수동적으로 시키는 일만 하는 것이 합리적이다.

한국 건설산업연구원에서 발표한 국가별 건설인력 인건비 및 생산성 비교와 시사점 연구 자료를 보면 한국보다 소득 수준과 생산성이 높은 주요 선진국인 미국, 이탈리아, 일본, 캐나다, 프랑스, 오스트리아, 독일, 스위스 등 12개국을 제외한 조사 대상의 대부분 국가(87개국)는 한국보다 생산성이 떨어진다.

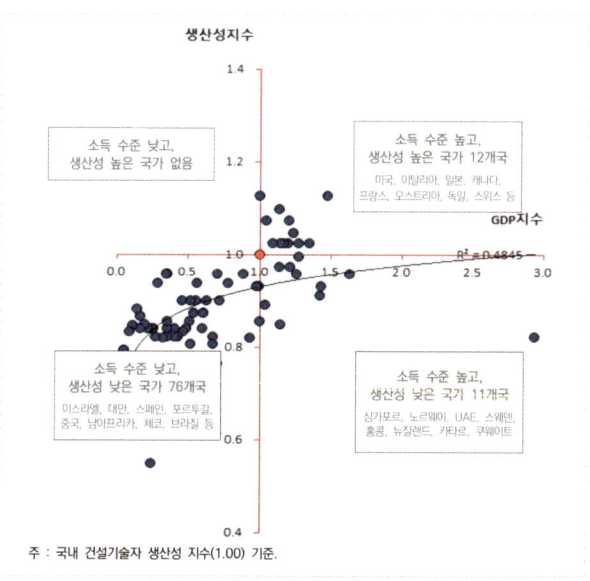

그림 2-9 소득 수준과 건설 기술자의 생산성 비교 (출처: 김윤주, "국가별 건설인력 인건비 및 생산성 비교와 시사점", 한국건설산업연구원)[21]

따라서 초기 WBS 수립 시 현지 생산성이 낮다는 것을 일반적인 상황으로 여기고 인력 투입 계획을 수립해야 한다. 특히 중동과 같이 매우 더운 지방은 생산성이 더욱더 떨어진다. 봄부터 가을까지 상시 40도나 50도에 달하는 높은 온도 조건에서는 쉽게 몸이 지치고 일에 잘 집중할 수가 없다. 이런 환경에서는 일보다는 자신의 건강을 챙기는 것이 더 중요하게 생각될 수 있다.

현지의 낮은 생산성 문제로 인해 현지 인력을 사용하는 것보다 차라리 생산성이 높은 한국 기술자들을 데려다가 현지에 투입하는 것이 낫다는 의견도 있다. 소규모 인력이 투입되는 경우라면 괜찮지만, 대규모로 인력이 필요한 경우 한국인의 높은 인건비와 체류비를 감당하기가 힘들다. 한국과는 다른 이질적인 인프라와 환경에서 오는 차이, 예를 들면 교통 인프라, 주변 환경, 근무 환경, 활용 가용 자원, 현지 도구의 품질 등의 차이로 인해 일 잘하는 한국인이 투입되더라도 한국에서만큼 생산성이 나오지 않을 수도 있다. 또한, 현지 노동자의 일자리 감소를 우려해 많은 한국인 근로자를 데려와서 작업에 투입하는 것을 규제하는 국가들도 있다. 따라서 한국 인력을 현지로 파견하는 경우에도 적정한 한국인 투입 비율과 생산성을 종합적으로 고려한 계획 수립이 필요하다.

2.5.2 시간 개념의 차이

우리에게는 일상적인 시간 개념도 나라마다 다를 수 있다. 에드워드 홀은 그의 유명한 저서의 하나인 『침묵의 언어』(한길사 2013)에서 모노크로니즘(Monochronism) 문화에 대해 정의했다.[22] 모노크로니즘은 한 번에 한 가지 일을 한다는 의미다. 대표적으로 미국의 문화권이 이에 해당하는데, 한 가지 일을 끝내야만 다른 일로 넘어갈 수 있다. 반면 아랍의 문화권은 여러 가지 일을 동시에 수행하는 비(非)모노크로니즘 문화권이다. 이러한 문화 차이는 서로에게 오해를 불러일으킬 수 있다. 미국인이 아랍인을 만나러 갔을 때 아랍인이 자신과의 미팅 중에 여러 가지 일(예: 전화 받고 서류에 사인하고 주변 사람이 들어왔다 나갔다 하는 등)을 하고 있는 아랍인을 보면 자신을 덜 중요시한다고 생각하게 된다. 반대로 아랍인의 경우에 미국인을 만나러 갔을 때 즉시 만나러 나와주지 않고 자신이 현재 하던 일을 다 끝내고 나오거나, 먼저 약속된 일을 하는 미국인을 보면 마찬가지로 자신을 덜 중요시한다고 생각하게 된다.

모노크로니즘 문화권은 시간을 돈으로 환산할 수 있고 관리할 수 있는 대상이라고 여긴다. 그러나 아랍과 같은 비모노크로니즘 문화권은 시간을 하나의 총체로 보고 여러 가지 일을 동시에 한다. 그러나 여러 가지 일을 동시에 한다는 것이 일을 빨리한다는 뜻은 아니다. 비모노크로니즘 문화권은 사람과의 관계를 중요시하다 보니 만나는 사람마다 발생하는 일을 이것저것 동시에 하는 것인데, 그만큼 끝맺음이 더디다.

비모노크로니즘 문화권에서 프로젝트를 수행하는 경우, 사람들은 시간이 무한하다고 생각하는 경향이 있으며 무엇을 하든 서두르지 않기 때문에 WBS 계획 수립 시 일정 버퍼 고려가 중요하다. 글로벌 프로젝트를 수행할 때도 비모노크로니즘 문화권에서는 산출물이나 자료 등의 납기나 회신 기한을 정할 때 상대방이 말하는 일정 약속을 액면 그대로 받아들여서는 안 된다. 일주일 뒤까지 된다는 의미는 한 달 뒤에나 될지 모른다는 의미일 수도 있다. 따라서 언제까지 될 것이라는 말만 믿어서는 안 되고 지속해서 매일 업무 진행 상황을 확인해야만 지연 상황이 발생하는 것을 막을 수 있다.

2.5.3 고객 일정의 관리

글로벌 WBS를 작성할 때 협력업체 일정을 수행사의 WBS에 함께 포함해 작성하지만, 정작 고객의 일정은 빠져 있는 경우가 있다. WBS가 현실적이고 실현 가능성이 높으려면 고객 일정이 수행사의 WBS에 함께 녹아 있어야 한다. WBS를 작성하는 과정에서 고객 이벤트와 일정을 수집해 전체 일정에 함께 반영한다.

이렇게 하면 수행사는 일정을 잘 지켜서 진행하는데 고객의 지연으로 인해 전체 일정이 늦어지는 경우 고객에게 일정 준수를 압박할 수 있으며, 진척률 보고 시에도 일정 지연이 수행사의 책임이 아님을 증빙으로 남길 수 있다. 고객의 중요 이벤트, 마일스톤, 고객의 산출물 등 승인 기간과 의사결정 일정 등이 WBS상에 명시돼 있어야 한다. 그래야만 정기 미팅이나 주간보고, 월간보고를 하는 과정에서 전체 일정 중에 고객이 담당하는 역할을 주지시키고 고객도 일정을 준수하게 할 수 있다. 고객의 일정 지연이나 의사결정 지연이 수행사의 후속 작업에 영향을 주지 않게 주간보고를 이용해 지속해서 고객에게 보고해 조치할 수 있게 하고 만일을 대비한 증빙을 틈틈이 남긴다.

2.5.4 WBS(Work Breakdown Structure) 고려사항

한국과는 달리 현지 국가의 특성상 야간 근무나 휴일 근무가 쉽지 않은 곳도 있다. 예를 들어 칠레나 페루와 같은 곳은 엄격한 노동법으로 주 45시간 이상 근무할 수가 없다. 따라서 공정 지연이 발생하더라도 추가 근무를 할 수가 없다. 현지의 출퇴근 교통 인프라가 열악하거나 높은 주거비로 인해 프로젝트 현장과 거리가 먼 도시 외곽에 거주하는 사람들이 많은 경우에도 야근이 어렵다. 이러한 환경에서는 일정에 지연이 발생하더라도 야간 근무나 휴일 근무를 수행해 지연된 일정을 만회하기가 쉽지 않다. 지연된 일정을 만회해야 한다면 2교대 근무를 진행한다. 2교대 근무 중 야간 근무조의 수당은 더 비싸기 때문에 상당한 추가 비용이 발생한다. 공정을 중첩(Fast track) 시키거나 공정을 압축(Crashing)하면 생산성 문제나 품질 리스크가 뒤따르므로 대비책을 마련해야 한다. 따라서 이런 국가에서는 최초부터 일정이 지연되어 야간 근무나 휴일 근무 상황이 발생하지 않게 일정을 수립하고 관리하는 것이 중요하다. 또한, WBS 수립 시 충분한 버퍼 일정을 산입하는 것이 절대적으로 필요하다.

비모노크로니즘 문화권에서는 시간 준수 관념이 다르기 때문에 WBS상에 중간 점검 일정을 자주 넣어둬야 한다. 일정 지연 상황에 대비해 그에 대응할 수 있는 여러 개의 백업 계획도 마련해 둬야 한다. 예를 들면, A라는 작업을 B 회사의 장비와 도구로 진행할 것으로 예정된 경우, C 회사의 장비와 도구도 만일을 위해 확인해 두는 것이다. B 회사가 여러 문제 상황으로 인해 A라는 작업을 일정 내에 제대로 진행하지 못하는 경우, C 회사로 교체할 수 있고, 혹은 B 회사와 C 회사가 함께 일하게 조율함으로써 전체 일정 지연을 방지할 수 있다. 물론 B 회사 입장에서는 C 회사와의 책임 소재가 불분명해지고 추가 비용이 발생하는 등의 문제가 생길 수 있다. 하지만 B 회사만 바라보고 더 큰 일정 지연 문제를 안고 가는 상황에서는 이것이 차선책일 수 있다. 다만, 이 상황을 프로젝트 착수 단계에서 미리 전제하고 준비했다면 추가 비용 문제가 커지는 것을 방지하거나 협력업체가 일정 지연을 일으키지 않게 B 회사나 C 회사와 계약 체결 시 더 세밀한 계약 문구 조율을 할 수 있다.

건강검진, 비자(Work permit) 발급, 건강보험 가입, 안전 교육 등 인력 투입을 위한 사전 소요 시간이 긴 국가에서는 이에 대비한 총 소요시간도 고려해야 한다.

앞서 기술한 여러 가지 노력에도 불구하고 글로벌 프로젝트에서 WBS를 작성할 때 사전에 확정하기 힘든 부분이 있을 것이다. 불확실한 부분은 반드시 가정 및 제약조건으로 등록해 관리한다. 프로젝트가 진행됨에 따라 프로젝트를 둘러싼 주변 환경은 계속해서 변화한다. 따라서 가정 및 제약사항도 계속해서 변화하므로 정기적으로 업데이트하면서 관리해 나간다. 가정 및 제약사항이 추가 비용이나 이슈로 전이하지 않게 점검을 한다. 예를 들어 선행 사업자의 특정 작업이 수행사의 작업에 영향을 주는 것이 발견됐으나. 선행 사업자의 작업 계획이나 진행 상태가 불확실하다면 가정 및 제약사항에 반드시 등록해두고 정기 미팅이나 주간보고, 월간보고 시 지속해서 언급함으로써 수행사에 유리한 근거를 항시 기록하고 있어야 한다. 초기에 가정 및 제약사항에서 기록하고 관리하지 않는다면 프로젝트의 다른 많은 바쁜 일로 인해 놓치고 있다가 나중에 갑자기 드러날 것이다. 이슈로 전이된 시점에서 갑자기 대처하려고 하면 문제를 해결하기가 어렵고 상대방에 대해서도 유리한 입장을 고수하기 힘들다. 다음과 같은 글로벌 WBS 점검 체크리스트를 활용해 사전에 누락된 부분이 없는지 확인하자.

표 2-11 글로벌 WBS 점검 항목

구분	글로벌 WBS 점검 항목
시간관념	• 현지는 납기나 마감에 대해 철저한 문화인가? (철저하지 않다면 WBS에 대비하고 있는가?) • 시간 준수 개념이 높은가? (높지 않다면 대비 방안이 수립되어 있는가?) • 중간 점검 일정을 어느 정도 수준으로 고려했는가? • 고객과 일정에 대해 합의가 완료됐는가? • 일정 지연을 대비한 백업 계획이 준비돼 있는가?
생산성	• 현지 인력 생산성을 고려했는가? (낮은 생산성을 고려한 보완 계획이 작성돼 있는가?) • 추가 자원을 배치하더라도 일정 단축이 가능한가? • 현지 자연환경 제약사항(예: 혹서기, 혹한기, 우기 등)이 고려돼 있는가? • 현지인의 원활한 영어 수행이 가능한가? (언어 소통 수준이 어느 정도인가?) • 핵심 기술자가 파악되고 충분히 확보됐는가? • 완료된 일임에도 일을 더 많이 할 것 같아 완료 보고를 하지 않은 작업이 있는가? • 분리가 가능한 단독 작업은 최대한 분리해 일정을 잡았는가?

구분	글로벌 WBS 점검 항목
일정 제약요소	• 현지 일정상의 제약사항(예: 라마단 등)이 고려됐는가? • 핵심 주요 구간(Critical path)이 식별됐는가? • 타 공정과 간섭되는 부분이 식별됐는가? • 현지 라이선스 확보 기간 혹은 인증 등의 기간(필요 시)이 고려됐는가? • 운송 및 통관 일정 등을 고려했는가? • 고객 일정과 이벤트가 포함돼 있는가? • 현지 인허가 기간이 적정하게 반영됐는가? • 인력 투입 사전 준비 기간이 일정에 고려됐는가? (비자, 보험, 안전교육 등) • 공정 착수 전 작업 준비 시간이 일정에 고려됐는가? (자재, 인력, 도구, 장비 등의 적시 준비) • 고객의 승인 기간 및 의사결정 일정이 적합하게 반영됐는가? • 공정 시작 전에 미리 할 수 있는 일이 있는가? (미리 시작할 수 있는 작업인데도 시작하지 않고 대기하고 있는 작업이 있는가?) • 가정 및 제약사항을 식별해 기록해 뒀는가?
노동법	• 야근 근무와 휴일 근무 활용 가능성을 확인했는가? • 현지 인력 활용 시에 제약사항이 있는지 확인했는가? • 현지 국가 이벤트와 공휴일이 반영됐는가?
인수인계	• 무리 없이 철수가 가능한 수준의 현지 교육 및 인수인계 일정이 반영됐는가?

2.6
글로벌 원가 설정 –
무계획 비용 방지하기

글로벌 프로젝트는 해외에서 수행된다는 특징 때문에 국내 프로젝트에서는 발생하지 않는 비용이 발생한다. 글로벌 프로젝트에서 발생하는 비용에 대해 예산이 제대로 반영돼 있지 않으면 프로젝트 진행 중에 고스란히 추가 비용으로 발생한다. 따라서 글로벌 프로젝트에서 발생하는 비용 항목을 잘 식별해 프로젝트 예산에 적정하게 반영해야 한다.

2.6.1 수출입 비용

글로벌 프로젝트는 해외에서 수행되기 때문에 수출입과 관련한 비용이 발생한다. 특히, 글로벌 프로젝트에서 사용할 자재나 장비를 운송하는 것과 관련한 비용이 발생하는데, 이는 한국 혹은 제3국 입장에서는 수출이고, 글로벌 프로젝트를 수행하는 현지 국가 입장에서는 수입이다.

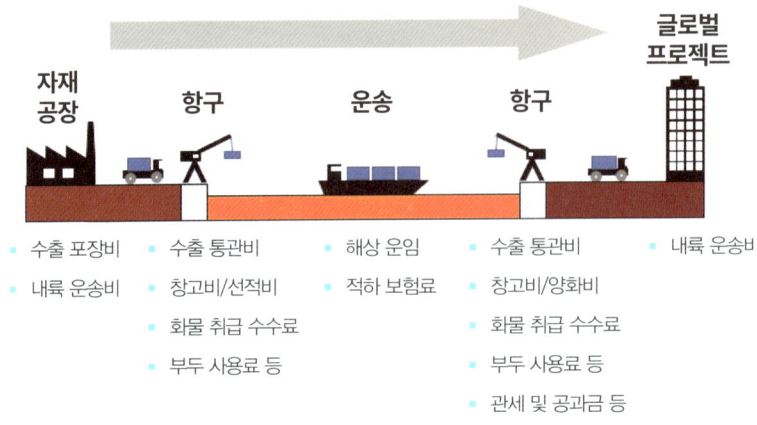

그림 2-10 수출 단계별 발생 비용

그림에서 보듯이 단계별로 운송과 관련한 비용이 발생한다. 수출 프로세스를 놓고 단계별 비용 항목을 하나씩 짚어 보며 빠진 것이 없는지 검토한다. 수출 진행을 위한 첫 단계로 자재나 장비 생산공장에서 생산품을 수출하기 위한 포장을 한다. 포장된 자재나 장비는 컨테이너선에 실려 먼 거리를 장기간 이동하기 때문에 운송할 때 혹독한 온도 및 습도 환경에 노출된다. 상하차나 운송 도중에 수많은 진동이나 충격 상황에도 노출된다. 따라서 운송 중 파손이나 부식이 발생하지 않게 튼튼하게 포장한다.

프로젝트 현장에 도착하면 포장을 해체하고 즉시 사용할 것인지, 아니면 일단 별도로 보관하고 나중에 사용할 것인지를 판단해 수출 포장을 해야 한다. 특히, 현장에 운송하고 나서 일부는 즉시 사용하고 나머지는 다시 장기 보관할 경우에는 현장에서 포장을 뜯은 후 다시 재포장을 해야 해서 추가 포장 비용이 발생할 수 있다. 프로젝트를 수행하는 국가마다 현지의 포장 기술 수준 차이로 장기 보관을 위한 포장 능력이 부족할 수도 있다. 따라서 수출 포장을 할 때 단기 보관용과 장기 보관용을 분리해 포장한다.

장비나 자재의 운송 과정에서 운송 업체의 부주의로 인한 파손은 적하 보험에 가입해 비용을 회수할 수 있다. 그러나 파손된 장비나 자재를 새로 추가 제작해야 하는 경우 상당한 시간이 소요될 수 있다. 특히 프로젝트 전체 일정에 미치는 영향이 큰 장비나 자재에 파손이 발생하면 프로젝트 일정 지연으로 이어질 수 있다. 장비나 자재 파손으로 인해 다시 제작해야 한다면 프로젝트 납기 지연으로 인한 페널티 문제도 야기될 수 있다. 따라서 주 공정(Critical path)에 필요한 중요한 장비나 자재에 대해서는 쇼크 워치를 부착해 운송 중에 일정 강도 이상의 충격을 받았는지 확인한다. 또한, 틸트 워치도 부착해 운송 중에 넘어지지 않았는지 확인한다. 쇼크 워치나 틸트 워치가 부착돼 있으면 운송 중 작업자가 경각심을 갖고 주의해서 취급한다. 따라서 상황에 맞는 수출 포장 비용, 쇼크 워치 및 틸트 워치 비용도 원가에 반영한다. 또한, 수출되는 장비나 자재가 프로젝트 일정에 미치는 영향도를 계산하고, 가급적 조기 발주를 진행해 만약에 있을 수 있는 운송 중 지연에 대해서도 대비한다.

통관 서류가 제때 준비되지 않는 경우에는 예상치 않게 보세창고에 강제로 장기 보관하게 되어 추가 비용이 발생한다. 또한, 제때 통관 절차를 진행하지 못함에 따른 페널티도 발생한다. 따라서 최초에 운송 계획을 수립할 때 서류가 빠지거나 누락돼 통관이 지연되는 상황이 발생하지 않게 한다. 통관이 지연되는 경우 원가에 창고비와 페널티가 추가됨을 인지한다.

해상 운송과 관련해서는 수행사의 책임이 없는 예기치 못한 상황(예: 국가 간 분쟁이나 단교 등)에 의해 운송 운임이 증가하는 경우 클레임을 통해 추가된 비용을 보상받게 한다(물론 불가항력임을 인정받아야 한다). 따라서 클레임 제기 여부와는 별개로 초기 단계부터 클레임이 발생할 것을 대비해 서류를 준비한다. 특히, 초기 운송비를 산정한 내역과 대비해 얼마만큼 금액이 증가했는지를 쉽게 비교할 수 있게 운송 서류에 항목을 구분해 기술한다. 그리고 수행사의 책임이 없는 추가 원가 발생 시 쉽게 비교할 수 있게 서류를 작성하고, 추가 비용을 회수할 수 있는 시나리오를 운송 준비 단계부터 고려한다. 그러나 가급적 복합 운송(운송 도중 여러 종류의 수송 수단을 연계해 운반) 경로에 있는 국가들의 외교 마찰로 운송이 중단되는 일이 없는 안전한 국가를 이용해 추가 비용 발생 상황 자체를 안 만드는 것이 좋다.

2.6.2 세무와 회계

글로벌 프로젝트를 수행하는 국가의 조세 정책은 국가마다 다르며 해외 거래의 특수성이 존재한다. 따라서 글로벌 프로젝트를 수행하는 국가의 조세법 등을 준수해 세금 납부를 착실하게 수행해야 한다. 대부분의 프로젝트에서 직접 현지 세무 업무를 담당하기는 어렵다. 현지 조세법의 전문성을 요하는 부분이 많기 때문에 프로젝트 착수 시점에 현지 세무법인을 선정한다. 현지 세무법인을 통해 세무 업무를 처리하고 세금을 납부해 향후 발생 가능한 세무 리스크를 줄인다. 현지 세무법인 활용 비용을 원가에 반영해 둬야 한다.

고정 사업장

글로벌 프로젝트를 최소 6개월 이상 수행을 한다면 현지에 고정 사업장을 구성하게 된다. 고정 사업장이란 외국 기업이 현지 국가에서 사업의 전부 또는 일부를 수행하는 고정된 사업 장소를 말한다. 현지 국가에서 사업을 수행하면 사업자 등록을 하고 세금을 납부해야 한다. 글로벌 프로젝트 수행을 위해 지사 형태로 진출한 경우에도 현지 국가의 세법에 따라 세금을 납부한다. 그리고 국내의 지사이기도 하므로 지사의 재무 사항이 본사 결산에도 합산되어 한국에서도 세금을 납부해야 한다. 글로벌 프로젝트의 고정 사업장 구성 여부에 따라 과세 여부나 방법이 달라지므로 현지 세무 법인과 면밀히 검토해 실수로 조세 법령 위반을 하지 않게 유의한다.

회계

국내 프로젝트에서 회계 처리는 단순한 프로젝트 단위의 회계 처리지만, 글로벌 프로젝트에서의 회계 처리는 현지에 프로젝트를 위해 설립한 회사의 회계 처리와 같다. 따라서 현지에서의 회계 처리 실수는 프로젝트 하나 단위의 실수를 넘어 현지 회사 단위의 회계 실수로 여파가 클 수 있다. 글로벌 프로젝트는 현지에서 별도 독립된 회사로 보는 경향이 있기 때문에 항상 투명하고 정확한 프로젝트 회계 처리와 세금 납부를 실천해야 한다. 전용 회계 시스템이나 툴을 선정해 회계 기장을 투명하게 진행하는 것은 물론, 현지 회계 법인을 선정해 회계 감사를 받아야 한다.

국가에 따라 회계 결산 자료를 관련 당국에 반드시 제출해야 하는 곳도 있는데, 이를 지체할 경우 큰 금액의 벌금을 부과하는 국가도 있다. 실수해서 과도한 행정 벌금을 부과받으면 프로젝트에서 힘들게 돈을 벌고 벌금으로 돈이 다 빠져나가는 허무한 상황이 벌어질 수 있다. 현지 회계 법인 활용을 위한 계약금이나 수수료를 원가에 반영해 둬야 한다.

2.6.3 금융 비용

고객으로부터 대금을 수금하는 방식에는 여러 가지가 있다. 현지에 계좌를 직접 개설하고 그 계좌를 이용해 직접 수금하기도 하고 환어음과 같은 수출 서류를 은행에 제출해 은행으로부터 수출 대금을 받기도 한다. 환어음은 국제 거래 시 수출자가 수입자에게 채권 금액을 지명인이나 소지인에게 지급할 것을 요청하는 유가 증권을 말한다.

현지에 계좌를 개설하고 관리하면 계좌 유지 및 이체 수수료가 발생한다. 이 금액이 높지는 않지만, 그래도 예산에 반영해둔다. 환어음을 제출해 수금할 때 한국의 은행은 현지 신용장(L/C: Letter of Credit) 개설 은행에 서류를 보내고 돈을 받기까지 이자 수수료가 발생한다. 신용장이란 무역 거래에서 대금 결제를 원활히 하기 위해 은행이 수출업자에게 발행하는 대금 결제 확약 증서를 말한다. 수출자로부터 서류를 매입한 은행은 이자 수수료를 제외하고 대금을 지급하는데, 이 금액을 환가료라고 하며 이 환가료를 원가에 반영해 둔다.

글로벌 프로젝트는 고객으로부터 기성금 수금 조건 및 일정과 협력업체 지급 비용을 정확히 (그리고 보수적으로) 산정해 캐시플로(Cash flow)가 항상 양(+)의 값이 되게 계획해야 한다. 국내 프로젝트와는 달리 음(-)의 캐시플로가 발생하면 여러 가지 국가 간 규제 등으로 한국 본사에서 금융 지원을 제때 받기가 어려울 수 있다. 음(-)의 캐시 플로가 발생해 현지 협력업체에 대금 지급이 늦어지면 그 즉시 프로젝트가 중단될 수 있다. 미래에 고객으로부터 대금이 수금될 예정이라고 하더라도 현재 시점에서 현지 협력업체가 예정된 대금을 못 받으면 양해해주지 않는다. 따라서 현지 은행에 필요 시 대출을 받을 수 있게 미리 약정을 체결해두면 좋다. 음(-)의 캐시플로가 예측된다면 금융 비용을 원가에 반영한다.

외환의 영향

해외에 있는 업체로부터 대금을 수금하든지, 현지 협력업체에 대금을 지급하는 경우, 계약된 화폐의 안정성에 따라 환율 차이가 발생할 수밖에 없다. 또한, 글로벌 경제가 안정적인지 혹은 불안한지에 따라서도 환율이 변동된다. 세계 경제가 안정적이라도 외환 시장의 갑작스러운 외화 수요나 공급 변동성에 의해서도 환율이 요동칠 수 있다. 환율 변동이 심한 경우 수익이 날수도 있지만, 손해가 발생할 수도 있다.

따라서 환율 리스크로 인한 변동성을 방지하기 위해 환 헤지(Hedge)를 진행한다. 프로젝트는 계약 목적물을 기한 내에 납품해 대금을 수금하는 것이 목적이지 환차를 이용해 환차익을 실현하는 것이 목적이 아니다. 환차와 관련한 손실이나 수익이 발생하지 않게 환율을 확정해야 한다. 이를 위해 선물환 계약을 체결한다. 그리고 이 환 헤지 계약 수수료를 원가에 반영한다.

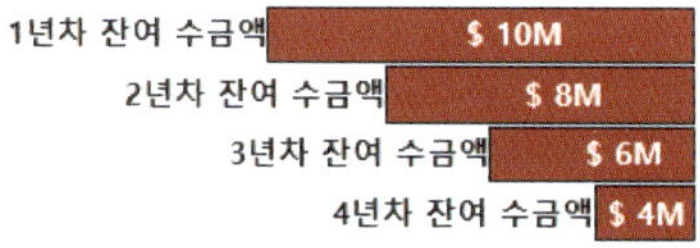

```
1년차 잔여 수금액    $ 10M
2년차 잔여 수금액    $ 8M
3년차 잔여 수금액    $ 6M
4년차 잔여 수금액    $ 4M
```

그림 2-11 환 헤지 대상 비용

가령 4년짜리 1천만(10M) 달러의 계약을 체결했는데, 2년 차에 2백만(2M) 달러를 수금하고 계약 잔여액이 8백만(8M) 달러가 남았다고 하자. 그리고 3년 차에 또 2백만(2M) 달러를 수금하여 계약 잔여액이 6백만(6M) 달러가 남았고, 마지막 4년 차에 2백만(2M) 달러를 수금해 계약 잔여액이 4백만(4M) 달러가 남았다. 이때, 매해 잔여 수금액 각각에 대해 환 헤지 수수료를 계산한다.

중소중견기업이라면 한국무역보험공사에서 제공하는 환 변동 보험에 가입하는 것도 한 가지 방법이다. 이러한 보험은 보험 가입 시점 환율로 수출이나 수입의 거래 금액을 고정시킨다. 신용상 문제가 없는 기업이라면 이 제도를 활용할 수 있다.[23]

환 변동과 관련한 문제를 줄이려면 상대적으로 변동 폭이 적은 화폐로 계약하거나 고객과 계약하는 화폐와 협력업체에 지급하는 화폐를 동일하게 맞추는 것도 좋은 방법이다. 계약하는 화폐와 협력업체에 지급하는 화폐를 동일하게 맞출 수 없다면 환 헤지 계획을 수립하고 프로젝트 가정 및 제약조건에 기록하고 관리한다.

2.6.4 기타 비용

국가에 따라서 현지 국가의 의무적인 인증을 취득해야만 수출이 가능한 경우도 있다. 따라서 현지 국가에 의무적인 강제 인증이 있는지 확인하고, 이를 위한 인증비를 빠트리지 말고 원가에 반영한다. 또한, 해외 프로젝트 이행에 따른 각종 출장비, 현지 거주비, 비자 발급/갱신비, 현지 보안/경비 수수료, 현지 대관 업무 회사 수수료도 빠짐없이 원가에 반영됐는지 확인한다.

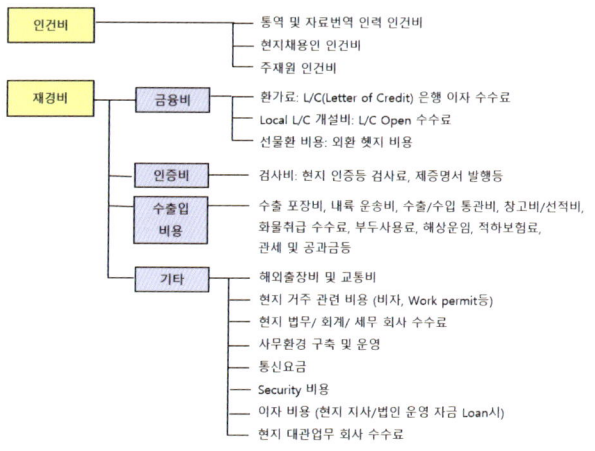

그림 2-12 글로벌 프로젝트 주요 발생 비용

원가 관리에서 중요한 것은 프로젝트에서 수익이 발생할 수 있게 프로젝트 원가와 이익을 정확히 산정하고, 프로젝트를 진행하면서 고객으로부터 현금을 무사히 회수하는 것이다. 이렇게 함으로써 사전에 약속된 이익을 지켜내는 것이다. 이익이 발생하지도 않는데 이렇게 많고 복잡한 글로벌 프로젝트 관리 행위를 하는 것은 의미가 없다. 결국 현지에서의 원가 관리가 중요하고 수익이 발생할 수 있게 지속적인 관리 활동을 수행해야 한다. 그리고 수금된 금액이 본국으로 적시에 송금될 수 있게 해야 한다.

2.7
글로벌 범위 확정 –
성공을 미리 약속하기

국내에서 수행하는 프로젝트에서도 범위 확정은 중요한 과제다. 국내 발주처와 수행사 간에 모국어로 대화해도 프로젝트 범위에 문제가 발생하는 경우가 있다. 같은 항목에 대해서도 각자의 입장에서 다르게 생각하기 때문이다. 확정되지 않거나 모호한 범위가 프로젝트가 상당히 진행된 시점에 이슈로 나타나면 전체 프로젝트 일정과 원가에 나쁜 영향을 미친다.

글로벌 프로젝트는 서로 다른 문화권에 있는 사람들이 서로 다른 생각과 서로 다른 언어를 사용해 프로젝트를 진행하기 때문에 범위와 관련해 문제가 발생할 가능성이 국내보다 한층 높다. 미확정된 범위의 이슈가 프로젝트가 어느 정도 진행된 후 발생하면 그것을 해결하고 복구하기가 힘들어지며, 프로젝트 성공을 가로막는 원인이 된다. 거꾸로 프로젝트 초반에 범위를 확정해 범위 이슈 문제를 없앤다면 성공을 위한 도로가 개통된 것이며, 이 도로만 따라가면 된다. 따라서 프로젝트 초기부터 범위 확정, 범위 변경 절차 수립, 검수 포맷 준비를 진행해야 한다.

2.7.1 워크숍과 이견(Deviation) 협의 미팅의 중요성

글로벌 프로젝트에서는 착수 워크숍 혹은 Deviation 미팅이 매우 중요하다. 이견 (Deviation) 협의 미팅은 제안 요청서(RFP, Request for Proposal), 제안서, 계약서 및 이행 범위에 대해서 발주처와 수행사간에 서로 차이가 있거나 모호한 사항을 명확히 하는 회의다. 한국도 프로젝트를 착수하면 킥오프 미팅이나 착수 워크숍을 수행한다. 워크숍에서 프로젝트 계획과 일정을 공유하고 프로젝트 팀원 및 고객과 상견례를 한다. 그리고 단합 대회를 갖거나 저녁 식사 자리에서 서로 얼굴을 익히고 친목을 도모한다. 한국은 관계 중심 문화로 낯선 고객이나 팀원끼리 친목 시간을 갖고 술 한잔을 하거나 노래방 등에서 함께 노래를 부르면서 서로를 알아간다. 얼핏 노는 것처럼 보이지만, 한국에서 프로젝트를 진행하는 데 필요한 과정 중 하나다. 최근에는 한국도 주 52시간 근무와 개인주의 문화로 바뀌면서 근무 외 시간의 친목 도모는 줄어드는 추세다.

글로벌 프로젝트에서는 근무 외 시간에 모이거나 밤에 술 한잔하는 것을 선호하지 않는다. 글로벌 프로젝트에서 착수 워크숍과 Deviation 미팅은 업무 시간 내에 프로젝트 범위를 확정하는 데 집중해야 한다. 이 워크숍과 미팅을 활용해서 애매한 부분이나 제안 요청서의 요구사항과 제안서, 계약서 간에 차이가 있는 부분을 최대한 명확히 한다. 이 회의에서 불분명한 것을 얼마나 많이 없애고 명확히 하는가가 프로젝트의 성공 여부를 결정 짓는다고 해도 과언이 아니다. 따라서 여기에 모든 노력과 시간을 집중한다. 때로는 확정 작업에 몇 주 또는 몇 달이 걸릴 수 있다. 여기에 충분한 시간을 쏟아부음으로써 프로젝트 전체 가용 시간을 충분히 확보할 수 있게 된다. 프로젝트 진행 도중 불분명한 것이 나타나면 이미 구축이 진행돼 수정하기 힘든 데다가 기능과 구성이 이미 여기저기 서로 연결돼 있어서 변경에 따른 영향도와 복잡도가 커진다. 이럴 경우 수정하는 것 자체도 힘들지만, 비용이나 일정이 증가한다. 모든 불분명한 것은 워크숍이나 미팅을 활용해서 반드시 사전에 명확히 해야 한다. 그리고 그 결과를 바탕으로 베이스라인을 설정한다.

2.7.2 범위 변경 관리 절차의 수립

워크숍이나 이견(Deviation) 협의 미팅 등을 활용해 불분명함을 없애고 범위를 확정하는 것만큼이나 중요한 것은 향후에 범위 변경 발생 시 어떤 권한을 가진 사람이 어떠한 절차로 어떻게 변경할 것인지에 대해 프로세스를 명확히 해두는 것이다. 앞에서 언급한 워크숍이나 미팅을 활용해 모호한 부분을 제거해 나가는 것이 이상적이지만, 프로젝트를 진행하다 보면 어쩔 수 없이 범위를 변경할 수밖에 없는 경우도 있다. 글로벌 프로젝트의 경우 범위 변경을 하면 승인에 장시간 소요된다. 그러나 간단한 것도 승인을 받은 후에 진행하는 것이 좋다.

프로젝트 시작 초반에 범위 변경 이슈가 없을 때 변경 및 승인 프로세스를 명확히 해둬야 한다. 프로젝트 진행 도중 상호 간 이해관계가 첨예하게 대립하는 범위 변경 건이 발생해 범위 변경 프로세스를 논의하면 협의가 잘 진행되지 않는다. 그리고 모든 변경은 느리더라도 반드시 문서에 의해 진행돼야 한다. 가끔 고객이 급하다고 변경된 사항을 먼저 진행한 후 나중에 문서화하는 형태로 진행하자고 할 때가 있다. 그러나 문서에 의한 확정이나 프로세스 없이 진행하면 나중에 책임 소재의 문제가 발생할 가능성이 높다. 반드시 문서와 증빙에 근거해 변경 프로세스를 진행해야 한다.

수행사 책임이 아닌 고객 요구에 의한 범위 변경으로 인해 수행사 원가에 악영향을 준다면 변경 규모와 물량을 산출해 고객에게 클레임한다. 클레임을 성공적으로 수행하려면 정확한 견적 능력과 이를 합리적으로 표현할 수 있는 문서 기술이 필요하다. 고객에게 제출하는 모든 문서는 클레임 상황이 아니더라도 향후 혹시 있을지 모를 클레임에 대비해 두는 것이 좋다. 향후 클레임 시 비교가 가능한 항목들을 명확히 기술하고 증감 발생 시 차이를 명확히 알 수 있게 사전에 문서 포맷을 구성해두는 것이 좋다. 문서가 자세하지 않을수록 클레임 성공 가능성은 작아진다.

2.7.3 시작부터 검수 준비

프로젝트 목적물 구축을 완료하고 고객의 검수 확인 서명을 받을 검수 문서는 시작 단계부터 작성해 고객과 합의해야 한다. 당연히 프로젝트 시작 단계이므로 설계 문서, 테스트 결과서, 성적서, 설치 결과서 등의 결과 기입 부분은 공란일 것이다. 공란이기는 하지만 미리부터 문서를 만들어두고 고객과 공유하는 것과 나중에 만드는 것과는 차이가 크다. 합의된 요구사항을 빠짐없이 목록화해 검수 포맷을 만들고 초기부터 고객과 합의한다. 그리고 프로젝트 진행 중에 지속해서 필요할 때마다 고객에게 이 목록과 포맷을 노출시켜 프로젝트 종료 단계에서 검수 문서를 제출할 때 이 문서에 고객의 거부감이 없게 미리 학습시켜둬야 한다. 그리고 프로젝트 진행 과정에서 발생하는 모든 증빙 자료, 예를 들어 설계 문서, 합의서, 중요 공문, 성적서, 시험 결과서, 설치 결과서 등의 문서를 이 목록에 빠짐없이 기록하거나 참조 번호로 링크를 관리해 착수 단계부터 차근차근 검수 준비에 들어간다. 혹시라도 불분명한 사항이나 확정되지 않는 것이 발견된다면 반드시 정기/비정기 회의를 활용해 확정하고 그 결과를 회의록에 남긴다. 그리고 주간보고서나 월간보고서에 상황을 지속적으로 업데이트하여 향후 증빙으로 활용한다. 변경과 관련한 근거가 될 수 있는 내용을 담은 주간보고서와 월간보고서의 문서 번호도 검수 포맷에 링크해두는 것이 좋다.

주간보고서나 월간보고서만큼 수행사에 유리하게 상황을 끌고 갈 수 있는 공식적인 문서도 드물다. 프로젝트 초기 단계부터 수행사가 유리한 입지에 놓일 수 있게 주간보고서나 월간보고서를 어떻게 작성할 것인지를 지속해서 고민한다. 주간보고서나 월간보고서가 때가 되면 제출하는 형식적인 문서로 전락한다면 매우 아까운 무기를 낭비하는 셈이다.

03

글로벌 프로젝트
진행하기

3.1

글로벌 품질 관리 –
글로벌을 로컬화하기

품질의 정의에 대해서는 사람마다 다르게 생각하는 경향이 있다. 여러 가지 자료나 문헌에서도 품질의 정의는 각자 다르다. 위키백과는 '공장에서 생산된 제품이나 서비스 산업이 제공하는 서비스가 가지는 성질과 바탕'으로 정의하고, ISO 9000은 '고유의 특성 집합이 요구사항을 충족시키는 정도'라고 정의한다. 품질 경영의 권위자인 쥬란(J. M. Juran)은 품질은 '용도에 대한 적합성'이라고 정의했다. 글로벌 프로젝트와 같이 다양한 문화권의 사람이 모여 프로젝트를 수행하는 경우에도 품질에 대해서 개인마다 정의와 생각이 다르다. 특히, 품질은 같은 사물이라도 문화마다 다르게 인지되고 측정되는 경향이 있다. 따라서 품질 목표나 절차에 대해 각자가 다르게 생각할 경우 품질이 일관적이지 않아 불량 발생률이 높아지고 프로젝트 납기 준수도 장담할 수 없다. 따라서 품질과 관련해서는 모든 팀원과 이해관계자가 통일된 생각을 가질 수 있게 관리하는 것이 중요하다.

글로벌 프로젝트는 현지 문화에 대한 이해와 포용성을 갖고 그에 맞춰 유연하게 대응해 나가는 것이 중요하지만, 품질은 그 반대다. 품질에 대해서만큼은 통일되고 표준화된 절차와 기준을 만든 후 모든 사람이 동일한 생각을 갖고 따를 수 있게 초기부터 관리해야 한다. 사전에 최대한 표준화하고 예방 중심의 품질 관리 체계로 진행해야만 프로젝트의 예기치 못한 문제와 그로 인한 추가 비용 발생을 최소화할 수 있다.

글로벌 프로젝트 품질 관리를 프로세스 관점과 결과물 관점에서 살펴보자. 프로세스 관점이란 품질을 동일하게 유지할 수 있게 제품이나 프로젝트 결과물을 만들어내는 과정 자체에 대해 품질 관리를 수행하는 것이다. 제품이나 프로젝트 결과물을 사전 정의된 품질 요구 조건에 맞게 만드는 것도 중요하지만, 중간 진행 과정 역시 품질 관리가 돼야만 품질 요구 조건에 맞는 제품이나 결과물을 만들어낼 수 있다.

3.1.1 프로세스 관리하기

품질 관리 계획과 목표를 수립하고 PDCA(Plan, Do, Check, Action) 사이클에 따라 품질 관리 활동을 수행한다. 현지의 문화가 전반적으로 시간이나 납기에 철저하지 못한 문화라면 품질에 대해서도 같은 시각을 가졌을 가능성이 높다. 필요시 공급 업체에 수행사의 관리자를 상주시켜 품질 관리를 하는 방법도 고려한다. 주기적으로 현장과 협력업체 품질 관리 절차를 확인한다.

품질 관리 프로세스 관점에서 다음과 같은 사항이 단계별로 제대로 준수되는지 점검해 보자.

표 3-1 품질 프로세스 점검 사항

구분	품질 프로세스 점검 사항
매입 프로세스	• 변경 사항 발생 시 공급업체나 협력업체에 문서로 적시에 전달되는가? • 핵심 공급업체와 중요 부품이 식별돼 있는가? • 핵심 공급업체에 대해 관리 지표를 설정해 관리하고 있는가? • 핵심 공급업체에 대해 문제 발생 시 조치 여부와 향후 재발하지 않도록 개선됐는지 확인했는가? • 공급 품목 일련번호와 버전을 관리하는가? • 부적합품 발생 시 기록 및 재발 방지 조치를 했는가? • 문제 발생 시 상세 추적이 가능한가?
제조 프로세스	• 변경 사항 발생 시 확인 및 점검 절차가 제대로 반영되는가? • 제조 차질이 발생하지 않게 초기부터 생산 계획에 자원(인력, 기술자, 자재, 부품 등)이 제대로 반영되어 계획이 수립됐는가? • 제조 차질이 발생하지 않게 자원 관리를 제대로 진행하고 있는가? • 핵심 제조공정이 식별되고 모니터링이 제대로 진행되고 있는가? • 제조 과정 중에 부적합품 발생 시 절차에 의해 식별되고 해결 및 개선되고 있는가? • 제조 과정 중에 투입되는 자재, 절차, 제품, 투입 인력, 환경 조건 등이 식별 및 기록되어 향후 문제 발생 시 추적 가능한가? • 제조 장비가 주기적으로 유지 보수되며 가용성이 확보되는가? • 중요 제조 장비를 식별해 특별 관리하고 있는가? • 핵심 부품을 식별해 생산에 차질이 없게 최소 재고가 관리되고 있는가? • 제조 환경은 깨끗하고 효율적으로 관리되고 있는가? • 자재나 장비 제조 시에 필요로 하는 기술 역량을 식별하고 기술자를 유지하고 있으며, 지속적인 기술 유지 교육을 실시하고 있는가?
출고 프로세스	• 고객 요구사항에 맞는 출고 기준을 수립하고 검사하고 있는가? • 최종 검수 기준과 출고 기준은 상호 연결되어 있는가? • 검사 기록이 잘 되어 향후 문제 발생 시 추적 가능한가?
보관 프로세스	• 취급 및 보관 방법과 유의사항이 작성되어 관리되고 있는가? • 보관 중 파손이나 변형 등이 발생하지 않게 안전하게 보호되고 있는가?

구분	품질 프로세스 점검 사항
부적합품 프로세스	• 부적합품 발생 시 다른 제품과 섞이지 않게 별도 공간에서 관리하고 있는가? • 재작업 절차를 식별하고 관리하고 있는가? • 부적합품이 재발하지 않게 절차를 관리하고 있는가?
현장 반입 프로세스	• 품질 관리 계획에 따라 반입 품질 시험이 실시됐는가? • 반입 자재가 최초 승인받은 제품과 동일한가? • 관련 증빙 문서는 검토/확인되고 보관되고 있는가?
현장 설치 프로세스	• 품질 관리 계획에 따라 설치 품질 시험이 실시됐는가? • 관련 증빙 문서는 검토/확인되고 보관되고 있는가?

특히 일련번호와 버전은 원자재 매입 단계부터 관리한다. 이렇게 함으로써 향후 품질 문제 발생 시 언제 어떤 품목을 구입해 언제 제조했으며 언제 출고됐는지 추적할 수 있게 한다. 문제 사항 발생 시 일련번호와 버전을 바탕으로 원자재 매입 프로세스까지 추적해 문제의 원인을 파악한다. 그리고 매입, 제조, 출고 시점을 파악해 문제 발생 시점 전후의 생산 제품에 대해서도 동일 문제가 발생할 가능성이 있는지 추적 검사를 한다. 이렇게 해야만 사전적이며 선제적인 품질 관리가 가능하다.

이외에도 프로세스와 관련한 중요 핵심 품질 지표를 선정하고 핵심 지표대로 프로젝트가 진행되고 있는지 관리하고 모니터링해야 한다. 주요한 지표의 예를 들면 다음과 같다.

- 공정 진척률
- 설계 품질 고객 확정률
- 시공 진척률
- 자재/장비 발주율

- 공장 검수 성공률
- 현장 자재 반입 검사 성공률
- 현장 설치 검사 성공률
- 적기 시정 조치율

3.1.2 결과물 관리하기

글로벌 프로젝트는 모든 것이 문서로 시작해 문서로 끝나야 한다. 프로젝트를 시작하면 안전 및 환경, 품질 계획서를 제출한다. 수행사가 보유하고 있는 품질 목표와 정책을 바탕으로 글로벌 프로젝트에 적합한 계획서를 만들고 이행한다. 글로벌 프로젝트는 결국 서류로 완성되며, 이때 제출할 서류는 품질 문서이므로 착수 단계부터 종료 단계까지 모든 증빙 문서의 축적과 관리가 중요하다. 서명되지 않는 품질 문서가 생기지 않게 관리한다.

프로젝트 결과물을 시험해 정해진 사양이나 도면과 일치하지 않는 것이 있는지 검사하고 부적합품 발생 시 즉시 시정할 수 있게 한다. 발주처의 경우 미국이나 유럽의 감리 회사가 진출해 있어 품질 관리가 까다로운데, 현지 작업자 중에는 품질 관념이 낮은 사람들이 있으므로 수시로 교육해야 한다. 그리고 별도 관리자를 지정해 감독한다.

표 3-2 결과물 품질 점검 사항

구분	품질 점검 사항
완성품	• 고객 요구사항이 빠짐없이 구현됐음을 확인할 수 있는 증빙이 있는가? • 품질 관리 계획에 따라 절차대로 진행됐는지를 확인할 수 있는 증빙 문서에 대해 검토 및 확인을 받고 보관하고 있는가? • 서명되지 않은 품질 서류가 있는가? • 부적합 사항은 시정됐는가?

3.1.3 협력업체 품질 관리

현지 협력업체에 전체 업무 범위 중 일부를 턴키 계약 형태로 하도급을 내리는 경우가 있다. 하도급받은 현지 업체가 자신의 책임하에 도급받은 업무를 수행하는 것이다. 협력업체가 업무를 진행 중에 문제가 발생하면 하도급받은 업체가 책임지고 문제를 해결해야 한다. 그러나 한국 업체와 장기로 거래할 의사가 없거나 규모가 영세한 업체라면 문제가 발생하더라도 적시에 시정되지 않을 수 있다. 그런 상황에서 문제가 해결되지 않고 점차 상황이 악화되는 것을 가만히 지켜보고 있을 수도 없다. 그래서 초기부터 신뢰성 있는 현지 협력업체를 찾아내는 것이 중요하다. 협력업체가 업무를 수행해 본 경험이 많고 신뢰성 평가가 높을수록 품질 리스크를 상당 부분 줄일 수 있다.

현지 협력업체와 초기 계약 단계에 품질 점검 기준과 방법, 중간 검사 과정, 검사 수준 및 일정을 명확히 정의한 후에 그에 따른 관리를 해야 한다. 이때 중요한 점은 내용이 가능한 한 자세하게 작성돼야 한다는 점이다. 보통 특정 업무에 대해 턴키 계약으로 하도급할 때는 수행사가 진행하기 어렵거나 경험이 없는 분야를 하도급하기 때문에 도급을 받은 협력업체 업무의 품질 수준을 자세하게 정의하기 어렵다는 딜레마가 존재한다. 따라서 현지 협력업체와 계약을 체결하기 전에 시간을 갖고 품질 달성 계획과 일정 및 절차 등에 대해 자세히 협의하거나 일시적으로 외부 전문가의 지원을 받는 것도 좋다. 원자재 검사부터 제작 중간 검사, 각종 성능 및 공장 시험, 출고 및 운송에 이르기까지 검사 항목과 수준을 정의해 검사 및 시험 계획서를 작성한다.

수행사는 하도급을 내린 업무 자체에 직접 개입하지 말고, 초기에 사전 정의된 품질 점검 계획의 달성 여부로 관리한다. 이 품질 점검 달성 여부와 검수 및 대금 지급은 유기적으로 연동돼야 한다.

3.1.4 품질 관리의 방향성

글로벌 프로젝트는 문제가 발생한 후 해결하는 것보다는 사전에 문제가 발생하지 않도록 문제 발생 가능성을 최소화하는 것이 중요하다. 사전 점검에 투입되는 비용은 원가에 빠짐없이 산정하고 품질 예방을 위한 비용을 집행하는 데 있어 아끼지 말아야 한다. 글로벌 프로젝트에서 문제가 발생해 악화되면 국내 프로젝트보다 해결하기가 쉽지 않고 문제 해결에 드는 비용도 국내 프로젝트보다 더 많다. 따라서 글로벌 프로젝트 성공의 관건은 문제 발생 소지를 사전에 얼마나 제거했는지가 된다. 물론 미래를 예측해 문제의 소지를 모두 제거하는 것은 불가능하다. 그러나 이 책의 각 장에서 다루는 최소한의 범위에 대해서라도 문제 발생 요인을 제거하는 것이 좋다.

품질 관리에 있어서도 품질 문제의 발생 가능성을 제거하는 데 모든 역량을 집중한다. 현지에서 품질 문제가 발생하면 수정하는 데 국내 프로젝트보다 더 많은 비용과 시간이 투입된다.

이미 한국에서 검증된 품질 관리 체계를 가져와서 현지 실정에 맞게 커스터마이징해서 프로젝트 현장에 적용해야 한다. 품질 관리 체계는 글로벌화보다는 한국에서 검증받은 품질 관리 체계를 기준으로 현지에 맞게 로컬화하는 것이 좋다.

케이스 스터디

E 프로젝트는 대량 생산 및 대규모 설치를 진행하기 전에 목적물 일부분에 대해 실제 크기의 목업을 구축하기로 했다. 대량 생산 및 설치의 규모가 워낙 방대해 목적물의 일부분에 대한 목업이었지만, 그 크기가 매우 거대했다. 품질 관리 계획 수립 과정에서 목적물의 본격적인 대량 생산 및 설치에 대해서는 많은 주의를 기울였으나, 정작 목업 자체의 검사 방법에 대해서는 크게 신경을 쓰지 않았다. 목업 설치가 끝나고 나서 목업 설치에 사용했던 각종 지지대 및 발판과 비계 등은 모두 철거됐다.

목업 품질 검사 기준이 목업 설치 후에 강화되어 자세한 검사가 필요한 상황이 됐지만, 설치용 발판과 비계가 제거되어 거대한 목업을 자세히 검사할 방법이 없었다. 또한 설치용 발판과 비계가 설치돼 있더라도 고객 측 검사관은 자신들은 설치 노무자가 아니라며 안전을 이유로 설치용 비계에 올라가기를 거부했을 것이다.

이 목업을 검사하기 위해 전망대와 같은 넓은 이동 공간이 있는 별도의 검사용 계단 설치 공사가 필요했고, 이로 인한 추가 일정과 비용은 배보다 배꼽이 더 큰 상황을 만들었다.

프로젝트 품질 계획 수립 단계부터 어떤 부분을 어떤 방식으로 어떻게 검사할 것인지를 시나리오별로 자세히 계획해야 한다. 목업이라도 제작 완료 후에 어떤 항목을 어떤 방식으로 어떻게 검사할 것이지에 대한 자세한 계획이 없는 경우 추가 비용과 일정이 발생한다. 실질적인 검사 방법을 품질 관리 계획 수립 단계부터 자세히 기술해서 사전에 고객에게 승인받아야 한다.

3.2
의사소통 실행 –
막혀 있는 정보 뚫어주기

글로벌 프로젝트에서 의사소통만큼 중요한 것은 없다. 여기서 말하는 의사소통이란 현지 언어나 영어로 소통하는 것만을 의미하는 것은 아니다. 물론, 현지 언어나 영어를 잘 구사한다면 많은 이점이 있겠지만, 언어를 잘 구사하는 것과 의사소통을 잘하는 것은 본질적으로 다른 문제다. 한국에서도 한국인끼리 한국어로 소통을 하지만, 의사소통 문제가 없는 것은 아니다. 의사소통의 핵심은 프로젝트 조직 내 최하위 단부터 이해관계자나 자사와 고객의 최상층까지의 경로에서 정보가 정체돼 막혀 있는 부분을 찾아서 뚫어주는 것이다.

프로젝트 관리자가 갖춰야 할 자질에는 여러 가지가 있다. 리더십, 기술적 전문성, 경영관리 지식, 문화적 감수성, 갈등 해결 능력, 협상 능력 등 수많은 역량이 필요하고, 이것은 웬만한 회사의 CEO가 갖춰야 할 역량과도 일치한다. 그만큼 어느 하나 쉽게 갖추기 어려운 역량이다. 그 많은 역량 중에서 특히 글로벌 프로젝트 관리자에게 필요한 가장 중요한 역량을 선택하라고 한다면 의사소통 역량을 택할 수 있다.

의사소통 경로상에 정보가 흐르지 않고 고여 있는 병목이 생기면 그 부분은 점차 이슈로 발전하면서 추가 비용과 추가 일정의 문제로 나타난다. 특히, 글로벌 프로젝트에서 상대방의 문화나 생각을 이해하지 못하는 경우 정보가 흐르지 않고 고여 있기 쉽다. 예를 들어 문제가 있다고 하는 것을 문제가 없다고 생각하거나 상대방이 문제라고 의사 표현한 것 자체를 모르고 있다가 나중에 알게 되어 문제로 발생하는 경우가 있다.

프로젝트 관리자는 모든 커뮤니케이션의 중심에서 정보가 고여 있는 부분이 있는지 확인하고 정보가 흐를 수 있게 관리해야 한다. 프로젝트 내 구매 관리, 자원 관리, 일정 관리, 품질 관리 등 기능별 전문가를 둘 수 있지만, 의사소통 부분은 별도로 전담하는 전문가를 둘 수 없다. 그만큼 중요하므로 의사소통은 프로젝트 관리자가 관리하고 챙겨야 한다.

3.2.1 목업(Mock-up)의 활용

엔지니어링 프로젝트에 있어서 수많은 협력업체, 프로젝트 팀원, 그리고 고객과 함께 설계 단계에서 결과물의 방향성에 대해 명확히 의사소통하려면 목업의 구현이 필수적이다. 목업은 도면만으로는 실제 구축될 형상을 알기 어렵기 때문에 시제품과 동일한 크기(혹은 축소되거나 확대된 크기)로 만들어 보는 것이다. 프로젝트에 따라 발주되는 업무 범위에 목업 제작이 포함돼 있기도 하다. 이 경우에는 목업을 만들고 상호 검토한 후 바로 승인을 받으면 된다.

디자인이 중요하거나 심미안적 요소가 필요한 프로젝트의 경우 목업을 바탕으로 더 의사소통을 하다 보면 설계를 보완한 두 번째 혹은 세 번째의 수정 목업 제작이 필요할 수도 있다. 목업을 만들어 의사소통을 하면 향후 구축 완료 시 어떠한 형태로 결과물이 완성될지를 미리 볼 수 있으므로 향후 변경 리스크를 줄일 수 있다. 또한, 설계 과정에서 의사결정 시간도 단축할 수 있다.

발주되는 과업 범위에 목업이 포함되어 있지 않더라도 비용 계획 수립 시에 목업 비용을 포함해 목업을 사전에 빨리 제작해서 목업을 바탕으로 의사소통을 하는 것이 좋다. 첫 번째 목업을 검토한 후 그 결과를 바탕으로 두 번째, 세 번째의 수정 목업을 제작해야 하는 경우를 대비한 비용도 예산 계획에 반영하는 것이 좋다. 목업을 활용함으로써 프로젝트의 중요한 결과물에 대한 이해관계자 간 생각을 일치시키고 의사소통 오류를 줄일 수 있다.

사정상 목업을 구현하기 어렵다면 컴퓨터 그래픽을 이용한 3차원 렌더링을 구현하는 것도 검토해 본다. 3차원 렌더링을 구현해 시각적으로 소통한다면 설계 단계에서 의사소통상의 문제를 줄일 수 있다. 또는 샘플을 제작해 제공하는 것도 하나의 방안이다. SW개발 프로젝트에서도 조기에 프로토타입을 만들어 고객에게 시현하는 것은 설계 범위 확정 및 일정 단축에 필수적이다. 이외에도 여러 가지 아이디어가 있을 수 있다. 중요한 것은 여러 가지 아이디어를 동원해서 의사소통 문제를 줄이려고 노력하는 것이다. 이러한 아이디어와 노력이 필사적으로 추가돼야만 설계 일정이 예정대로 진행될 수 있다. 글로벌 프로젝트에서 추가 노력 없이 설계 일정을 단순히 프로세스에만 맡기고 지켜보기만 한다면 지연이 발생할 가능성이 높다.

3.2.2 주간보고(Weekly Report)의 활용

주간보고서는 의무적으로 고객에게 일주일마다 프로젝트 진척상황을 보고하는 상황 보고서다. 장기 프로젝트에서는 매주 유사한 내용이 작성되다 보니 작성하는 측이나 보고받는 측에서 주간보고서의 내용을 자세하게 검토하거나 신경 쓰지 않을 때가 종종 있다. 중요한 문제나 이슈가 발생하면 별도 회의를 통해 회의록으로 내용을 남긴다. 그러다 보니 주간보고가 형식적인 내용으로 채워지는 경우도 많다.

그러나 주간보고서는 프로젝트를 수주한 수행사가 고객에게 의무적으로 주기적으로 작성해 제출하는 문서이기 때문에 오히려 수행사에게 활용 가치가 높은 문서다. 프로젝트 진행 중에 문제의 소지가 있거나 우려가 되는 사항은 꾸준히 주간보고에 기술하고 내용을 업데이트해 프로젝트 증빙으로 활용한다.

이해가 대립하는 이슈가 발생하고 나서 대책 회의를 통해 내용을 바로잡으려고 하면 수행사가 불리한 입장에 놓이는 경우가 많다. 고객이 계약적으로 우위에 있다 보니 첨예한 사안이 서로 맞붙으면 발주처에서 자신의 이해를 지키기 위한 압박이 강하다. 따라서 이러한 문제가 발생하기 전에 주간보고서를 이용해 수행사 리스크 대응 사항을 미리 꾸준히 기록해 둔다. 혹시라도 리스크가 이슈로 불거졌을 경우 주간보고서를 수행사의 증빙 문서로 활용할 수 있게 초기 단계부터 계획해서 작성할 필요가 있다.

주간보고는 수행사에게 중요하고 유리한 문서이니 작성할 때마다 내용 배치에 심혈을 기울여야 한다. 한 주간의 내용을 단순히 기술하기보다는 한 달 뒤 혹은 두 달 뒤까지 내다보고 이 내용이 미래에 어떻게 변화되며 기술될 것인지를 시뮬레이션해가면서 적어야 한다. 그리고 주간보고(특히, 차주 보고나 이슈 해결 방안)에 기술하고 미래를 시뮬레이션한 내용대로 상황이 진행될 수 있게 프로젝트를 관리한다. 주간에 발생한 사항의 기록도 중요하지만, 차주 혹은 미래에 계획한 일도 계획란에 기록하고 업무가 그에 맞춰 진행될 수 있게 한다.

3.2.3 대면(Face-to-Face) 미팅

기술 발달로 SNS, 이메일, 화상회의, 전화 등 다양한 통신 수단이 발전했지만, 대면(Face-to-Face) 미팅만큼 효과적인 의사소통 방안은 없다. 이것은 동서양을 막론하고 어느 문화권이나 마찬가지다. 사실 대면 미팅 방식은 문화권마다 조금씩 차이는 있다. 예를 들면 어떤 문화권은 사전에 정확히 시간 약속을 하지 않으면 미팅하지 않으려고 한다. 또 어떤 문화권은 특별한 약속 없이 불시에 찾아가서 미팅하는 것에 관해 부담스러워하지 않는 문화권도 있다. 고객 담당자와 대면 미팅 회수가 얼마나 잦은가는 프로젝트 내 고객 의사소통 활성도와 비례한다. 이번 주에 고객 담당자를 얼마나 자주 만나서 회의를 했는가? 주5일 중 평균 5회 이상 고객 담당자와와 대면 미팅을 했다면 고객과의 의사소통이 활성화돼 있는 것이다. 이 정도 수준의 대면 미팅은 매일 미팅하는 것으로 사전에 미팅 약속을 잡고 매번 회의실을 예약하는 방식으로는 미팅하기가 어렵다. 큰 사안이 없어도 바쁘지 않은 시간대를 찾아내 계속 고객을 찾아가 얼굴을 비추고 진행 상황에 대해 간단한 대화라도 나눠야 한다. 지나가다 인사하는 형태로라도 고객의 책상에 서서 이런저런 이야기를 해야 한다. 이렇게 지속해서 고객을 찾아가면 고객도 대면 미팅이 습관화된다. 이러한 관계가 형성되고 나면 이슈에 대해 갑자기 회의하는 빈도가 줄어든다. 평소에 이런저런 얘기를 하면서 상시로 이슈가 될 만한 것들을 이야기해왔기 때문이다. 고객도 처음에는 약속 없이 찾아와 미팅하는 것을 낯설어하지만, 자꾸 찾아가다 보면 익숙해진다. 고객 입장에서도 수행사에 전달해야 할 사항이 자주 생기기 때문에 나중에는 찾아오는 것을 오히려 기다린다. 이 정도로 관계가 형성되면 고객 간 의사소통은 일단 성공한 것이다.

아무런 상의 없이 이메일로 의견이나 요청사항을 보내는 것은 피해야 할 의사소통 방식이다. 사실 글로벌 프로젝트에서 이메일로 의사소통하는 것은 중요하다. 특히, 구두로 합의한 것은 합의하지 않은 것과 같으므로 반드시 회의록이나 이메일로 증빙과 근거를 남겨놓아야 한다. 따라서 메일을 사용한 의사소통은 자주 수행해야 한다. 그러나 상대방에게 회의나 사전 논의 없이 메일만 먼저 보내는 것은 자제한다. 이렇게 의사소통을 하면 상대가 그 메일을 확인해서 읽었는지 혹은 대충 열어만 본 것인지 전혀 확인이 되지 않는다. 나중에 이로 인한 문제가 불거졌을 때 "몇 월 며칠 몇 시에 메일을 당신에게 보냈으니 난 책임 없어요."라고 말하는 순간 (기술적으로 틀린 말은 아니지만) 상대방과의 신뢰는 기반부터 무너진다. 그런 태도는 나는 책임에서 회피할 준비가 언제든 되어 있는 사람이라고 상대방에게 선언하는 것이나 마찬가지이기 때문이다. 이 경우에 앞으로 상대방과 깊이 있는 대화를 나눌 생각은 접어야 한다. 메일은 대면 미팅 혹은 전화 미팅을 먼저 수행하고 나서 그 내용을 정리하고 확인하는 수단으로 활용한다.

3.2.4 신뢰의 비용

글로벌 프로젝트에서 의사소통의 목적은 상호 간에 신뢰를 구축하는 것이다. 신뢰를 구축해야 하는 것은 어려서부터 신뢰받을 수 있게 행동하라고 도덕적 가르침을 받았기 때문만은 아니다. 글로벌 프로젝트에서 상호 신뢰 구축이 중요한 이유는 프로젝트의 전반적인 원가를 낮추는 데 신뢰가 직접적인 영향을 미치기 때문이다. 상호 간 신뢰가 없다면 상대방이 신뢰 있는 행동을 했는지를 판별하기 위한 비용이 필요하다. 여기서 비용은 단지 돈만을 의미하는 것이 아니다. 사람의 긴장된 노력 투입 정도와 함께 시간까지 모두 포함하는 개념이다.

예를 들어, 상대방과 장기적인 사업 관계 유지로 상호 간에 신뢰가 쌓여 있다면 서로 주고받은 모든 메일이나 문서, 자료 등을 일일이 검증할 필요는 없을 것이다. 중요도가 높고 반드시 검증이 필요한 것만 검증을 진행하고, 중요도가 낮다고 판단되는 부분에 대해서는 선별적이거나 랜덤하게 검증하면 된다. 이것은 비용 절감으로 이어진다.

상대가 믿을 수 없다는 판단이 선다면 별도 시간을 추가로 투입해 사소한 것부터 중요한 것까지 모두 일일이 검증해야 한다. 상대방이 거짓말을 한다면 그로 인한 손해가 나에게 전이될 것이기 때문이다. 그리고 아무리 전수 조사나 검증을 하고 상대의 거짓말을 체크했더라도·상대방의 거짓을 완전히 검증했는지는 100% 확신할 수 없다. 따라서 향후 상대방의 거짓을 알게 됐을 때 대응할 수 있는 리스크 비용도 넉넉히 반영해야 한다.

예를 들면, 같은 프로젝트 수주 건에 대해서도 신뢰하지 않는 기업에게 견적을 제출하는 경우보다 장기간의 거래로 상호 간에 신뢰가 있는 기업에게 견적을 제출할 때 견적 금액이 낮아진다. 왜냐하면, 신뢰하지 않는 기업에게 견적을 제출할 때는 신뢰 없는 상대방이 향후에 어떤 행동을 할 것인지 예측할 수 없기 때문에 만일의 상황을 대비한 리스크 비용을 많이 책정해야 하기 때문이다. 하지만 장기적인 거래 관계로 상대방이 어떻게 행동할 것인지 예측할 수 있다면 리스크 비용을 불필요하게 많이 산정해둘 필요가 없으며, 이것은 가격 경쟁력으로 이어진다.

평소에 고객과 의사소통을 자주 수행해 신뢰 관계를 확보한 상태라면 이슈가 발생하는 경우 이슈 해결 자체에 집중할 수 있다. 신뢰가 없다면 상대가 자신을 속이는지 확인하고 대비하기 위한 노력이 부가돼야 한다. 상호 신뢰가 없어 오해가 쌓이면 이슈가 또 다른 이차적인 이슈를 부르는 상황이 발생한다. 이것은 초기에 발생한 이슈 해결을 어렵게 할 뿐만 아니라 비용도 더 발생하게 만든다. 따라서 프로젝트를 착수하고 나면 투명하고 잦은 의사소통을 하여 고객과의 신뢰 관계 확보에 들어가는 것이 필요하다. 비단 고객만이 아니라 팀원, 협력업체 등 의사소통을 하는 모든 대상에 대해서도 마찬가지다.

3.2.5 회의와 프레젠테이션

국내에서 한국어로 하는 회의와 프레젠테이션도 시간을 낭비하지 않고 생산적인 회의를 하기 위해서는 준비가 필요하다. 서로 다른 문화권의 서로 다른 언어를 사용하는 사람들이 모여서 하는 보고와 회의는 내용을 명확히 전달하기 위해 더 많은 준비가 필요하다. 공식적인 회의를 하기 전에 준수해야 하는 단계는 다음과 같다.

- 회의 전 회의 안건 공유
- 회의 중 회의록 작성 및 서명
- 회의 후 회의록 공유

프로젝트에 착수할 때는 회의록 서명란을 포함한 회의 템플릿을 미리 준비해 둔다.

회의를 시작하기 전에는 미팅 약속을 하면서 어떤 안건에 대해 회의할 것인지 최소 하루 전에 공유해야 한다. 이렇게 상대방이 사전에 준비할 수 있게 배려해야 한다. 사전에 안건 공지가 없어 아무 준비 없이 참석할수록 회의가 공회전하거나 또다시 회의를 해야 하는 상황이 벌어진다. 또한 안건에 대한 배경 사항도 일일이 설명해야 하기 때문에 회의 시간이 길어진다. 따라서 사전 안건 공지를 통해 회의 참석자들이 미리 준비하게 하는 것이 필요하다.

서로 다른 언어로 회의하는 것이기 때문에 이해가 안 되는 것은 회의 진행 중에 물어보고 확인하기를 주저하지 말아야 한다. 회의 흐름을 끊는 것 같아 부담스러워서 그냥 넘어가려는 생각이 든다면 나중에 그 부분이 부메랑이 되어 돌아올 거라는 점을 기억해야 한다. 모르는 부분은 질문하거나 상대방이 하는 말을 내가 제대로 이해했는지 요약해서 다시 말하는 형태로 상호 간에 의사소통을 해야 한다. 회의 안건 중 충분히 준비하지 못해 결정을 내릴 수 없는 건이 있다면 그 자리에서 결론을 내리지 말고 다음 회의 안건으로 넘긴다.

회의가 끝나고 피치 못할 사정으로 참석자 서명을 받지 못했다면 회의록을 작성해서 메일로 공유하면서 수정 사항이 있는지 회신해 달라고 하는 것도 방법이다.

프레젠테이션의 경우에는 항상 시간이 충분하지 않은 점을 감안해 전달하고 싶은 핵심만 요약해 발표한다. 간혹 상세한 자료를 직접 프레젠테이션 하는 경우가 있는데, 이 경우 내용 전달도 안되고 발표 시간만 길어지는 부작용이 생긴다. 어렵더라도 프레젠테이션용의 요약 발표 자료를 만들어야 한다. 상세한 자료는 프레젠테이션 보고가 끝난 뒤 요약 발표 자료 및 회의록과 함께 별도로 공유한다. 참석자에게는 의문 사항이나 이해가 되지 않는 사항이 있는지 질문하고 수시로 확인해야 나중에 의사소통 오해나 문제가 생기지 않는다.

보고 자료의 색상은 사람마다 호불호가 갈리지만, 현지 국가나 조직이 선호하는 색상을 사용한다. 현지 국가의 국기 색상이나 고객 조직 로고나 브랜드 색상을 사용하면 거부감을 덜 수 있다.

케이스 스터디

F 프로젝트에서는 협력업체가 계약된 것 외의 추가 비용을 주지 않으면 작업을 수행하지 않겠다고 하면서 작업을 중단했다. 견적 시 실수로 금액이 잘못됐으니 계약 금액을 증액해 달라는 요구였으며, 이것은 계약서 조건(견적 실수로 인한 계약 수정은 불가함이 명시됨)에도 맞지 않는 주장이었다. 그런데도 작업을 중단한 것은 수행사를 곤궁에 빠뜨리고 발주처를 압박해서 비용을 받아내려는 의도였다.

이 프로젝트는 착수 초기부터 고객인 발주처와 수행사 간에 투명한 의사소통을 기반으로 끈끈한 신뢰 관계가 구축돼 있었다. 그러다 보니, 발주처는 프로젝트 초기부터 협력업체의 문제를 잘 알고 있었다. 협력업체의 작업 중단에 대해 난감해하기는 했지만, 고객은 조속히 해결하라고 요청은 하되, 수행사가 문제 해결 시간을 가질 수 있게 믿고 기다려주었다.

이 사례에서 발주처와 수행사 간 신뢰 관계가 없는 상태였다면 발주처는 협력업체가 정말로 계약 위반을 해가면서 무리한 요구를 하고 있는지 믿을 수가 없을 것이다. 발주처는 수행사가 협력업체를 부당하게 편취하고 있었다고 생각할 수도 있다. 또는 수행사가 이 상황을 계기로 무언가 다른 문제를 덮으려고 하는 것인지 고객은 알 수가 없기 때문에 수행사의 모든 행동에 대해 색안경을 끼고 봤을 수도 있다. 게다가, 협력업체와 분쟁 해결이 힘든 상황에서 발주처에서도 수행사를 신뢰하지 못하고 빠른 문제 해결을 압박했다면 점점 더 문제를 해결하기가 힘들어졌을 것이다. 그러면 협력업체가 결국 협상에서 유리한 상황에 놓이게 될 것이다. 이렇게 신뢰 관계는 프로젝트의 추가 비용 발생 정도와 직접적인 영향이 있다.

3.3

글로벌 조달 –
세계로 수출하기

글로벌 프로젝트는 해외에서 수행되기 때문에 많은 자재나 장비 조달이 수출입 형태로 이루어진다. 수출입은 그 자체가 하나의 프로젝트가 될 수 있을 정도로 복잡하고 할 일이 많기 때문에 세심한 준비와 관리가 필요하다. 수출입 과정은 통관 당국이나 물류 업체 등 많은 이해관계자가 관여하기 때문에 예기치 못한 문제의 발생 확률이 높다. 따라서 문제를 예방하기 위해 사전에 많은 대비가 필요하다. 특히, 조달 부분은 현지 국가의 정치적인 입장과 연계되는 경우도 있어 현지 국가의 정치적인 상황에 관해서도 관심을 기울여야 한다.

3.3.1 표준과 인증

2008년 글로벌 금융 위기 이후 실업률이 증가하고 각국의 소득 양극화가 심화되고 반세계화를 주장하는 정당이 득세하자 점차 보호 무역주의가 강화됐다.[24] 각 국가는 실업 해소와 일자리 창출을 위해 점차 자국에서 생산하는 물자를 프로젝트에 활용하라고 강제하고 해외로부터의 수입을 규제하고 있다. 이렇게 함으로써 자국 산업을 보호하고 실업률을 낮춰 세수를 확보하려고 했다.

수입을 어렵게 만드는 비관세 장벽은 점차 높아지는 추세다. 인증의 경우 대표적인 비관세 장벽으로 활용된다. 예를 들어, 사우디의 경우 SASO(Saudi Arabian Standard Organization) 인증을 취득하지 못하면 수출을 하지 못하며 유럽의 경우에도 CE(Conformity European) 승인을 받아야 수출이 가능하다.

그림 3-1 전 세계 주요 인증 제도

글로벌 프로젝트에서는 자재나 장비를 제3국이나 한국에서 조달해 공급하는 경우가 많다. 이때 프로젝트를 수행하는 국가에 자재나 제품을 수입하기 위해 현지 국가의 인증을 받아야 한다. 인증이란 현지 국가 표준이나 기술 규정 등에 적합한지 평가해 안정성 및 신뢰성을 인증받는 것이다. 인증이 없으면 자재나 제품을 수입할 수 없는 국가들이 있으므로 사전에 확인해야 한다. 또한, 인증에는 적지 않은 시간과 비용이 소요되므로 사전에 인증 종류와 기간을 확인하고 일정과 원가에 반영한다.

현지 국가의 표준은 한국의 표준과는 다르므로 계약 이전에 표준을 확인한다. 표준 문제로 인해 사양 변경 및 승인이 필요한 경우 사전에 발주처 확인이 필요하다. 다만 불가피성을 인정받아야만 변경 및 승인 요청을 할 수 있다. 자재나 사양의 변경으로 인해 금액 조정이 발생하면 고객에게 추가적인 이점과 우수성을 설득해 사전에 변경 여부를 확인받을 수 있게 한다. 프로젝트 진행 중에 표준 문제로 설계 미승인이 발생하면 일정 지연 및 품질 리스크가 발생하므로 주의한다.

3.3.2 제품 조달과 운송

제품의 조달과 운송을 위해 수출입 시 제한을 두는 국가와 상품에 유의한다. 각 국가는 정치적, 경제적 이유로 수출 및 수입을 규제한다. 예를 들어 아랍권 국가들은 이스라엘산 제품이나 이스라엘 회사 상표가 부착된 상품의 수입을 규제한다. 국가별 수입 규제에 관해서는 한국무역협회의 수입규제 통합지원센터(http://ntb.kita.net/main.screen)에서 확인할 수 있다.

전략 물자에 대해서도 수출입에 제한이 있기 때문에 글로벌 프로젝트에서 취급하는 품목이 전략 물자에 해당하는지에 관해서도 확인해야 한다. 전략 물자란 재래식 무기 또는 대량 파기 무기와 그 운반 수단인 미사일의 제조, 개발, 사용 또는 보관 등에 이용 가능한 물품, 소프트웨어 및 기술을 일컫는다. 전략 물자 판정 및 허가 신청 등은 산업통상자원부의 전략 물자 관리 시스템(https://www.yestrade.go.kr/user/main.do?method=main)에서 자세한 내용을 확인할 수 있다.

글로벌 프로젝트에서 공급할 자재나 제품의 공급사를 선정할 때는 최소한 2개 이상의 업체를 의무적으로 복수 견적을 받고 진행해야 한다. 품질과 가격을 모두 고려한 업체를 선정한다는 측면이 있지만, 이는 자재 공급 능력의 확보 차원에서도 중요하다. 시간이 없거나 기술적 특수성 등으로 인해 한 개의 업체만 선정해 프로젝트를 진행하는 경우, 선정 업체가 문제를 일으켰을 때 다른 대안 업체가 없어 해결책을 찾기가 쉽지 않다. 특히, 중요 자재나 제품일수록 예비 공급 업체 간의 경쟁을 통한 확보가 중요하다. 어느 정도 품질이 확보된다면 한국이 아닌 현지에서 조달하는 방법도 적극적으로 찾아본다. 이렇게 함으로써 프로젝트 진행 중 조달에 차질이 발생할 것에 대한 대비 태세를 갖춰야 한다. 프로젝트를 수행하는 기간뿐만 아니라 유지보수나 하자 보수 기간에 대응할 것까지 고려한다면 한국이나 제 3국에서 공급받는 것보다는 현지 업체를 활용하는 것이 더 나은 대안일 수도 있다.

공장에서 글로벌 프로젝트에 공급할 자재나 장비의 제작이 끝나면 프로젝트 담당자를 공장으로 보내서 자재가 빠짐없이 포장되고 배송되는지 확인한다. 해외 공장에서 제작 후에 해외 운송을 해오는 데는 많은 시간이 소요된다. 이때 누락분이라도 발생하면 추가 비용 발생도 문제이지만, 더 큰 문제는 시간이다. 누락분을 다시 제작해서 다시 운송해오는 데는 많은 시간이 소요되며, 다시 제작하는 것 자체가 여의치 않을 수도 있다. 이 경우 전체 프로젝트 일정에 지연이 생길 수 있기 때문에 공장에서 제작이 완료되고 나면 빠짐없이 포장되고 선적되는지를 확인해야 한다.

현지에 운송되면 파손되거나 누락된 것이 없는지 즉시 확인한다. 확인이 지연되면 운송사 측의 책임 소재를 가리기가 어려워지며, 향후 문제가 발생하더라도 조치를 취하는 데 시간이 오래 걸린다. 따라서 현지로 물품이 운송되면 즉시 파손이나 누락분이 있는지 확인해야 한다.

3.3.3 서비스의 조달

현지에서 인력 공급 등의 서비스를 받기 위한 현지 협력업체를 조달할 경우에 재무적 능력, 신인도, 매출 등을 확인한다. 그러나 국가에 따라 현지 기업의 검증 시스템이 제도화되지 않아 기본 사항 확인이 어려울 때도 있다. 이럴 경우 대사관이나 대한무역투자진흥공사(KOTRA)에 문의하는 등 확인 작업을 수행한다. 현지 협력업체를 직접 방문하고, 이들이 과거에 수행했거나 현재 업무를 진행 중인 현장을 방문해 현황을 살펴보는 등 사전에 여러 검증 작업을 진행해야 한다.

최소한 두 개 이상의 업체를 선정해 비교 견적을 진행한다. 여러 업체를 비교하는 것은 우수한 업체를 선정한다는 의미도 있지만, 만일의 상황에 백업할 수 있는 업체를 미리 찾아 둔다는 의미도 있다. 이렇게 해야 현지 협력업체가 파산하거나 문제를 일으키고 통제되지 않아도 대안을 찾아 프로젝트를 계속 진행할 수 있다. 현지 업체도 자신 말고 대안 업체가 있다는 것을 알면 불합리한 행동을 자제하게 된다. 초기부터 의심 가는 곳은 평소보다 더 많은 이행 보증 증권을 요구하는 것도 필요하다.

현지 협력업체들은 장기적 거래 관계 마인드가 부족하다. 글로벌 프로젝트를 이행하는 수행사가 프로젝트를 마치면 돈만 뽑아 먹고 본국으로 돌아갈 것이라는 마인드를 가지고 있을 수 있고, 이 한국 업체와 앞으로 언제 다시 거래할지도 확실하지 않다. 그런 이유로 프로젝트 중간에 추가 비용을 포함해 전체 금액을 회수하려 드는 경우가 있다. 현지 협력업체로부터 클레임 사안이 될 만한 사항이 발생했을 때 클레임 제기 여부와 관계없이 증빙을 보관해 향후 클레임에 항시 대비해야 한다. 그리고 글로벌 프로젝트를 이행하는 수행사는 돈만 벌고 철수한다는 이미지를 줘서는 절대 안 된다. 현지에서 지속 가능한 회사가 되기 위해서라도 현지 협력업체의 불안감을 해소할 필요가 있다. 이것은 고객과의 관계에도 마찬가지로 적용된다.

케이스 스터디

G 프로젝트에서는 현지 협력업체가 설치 대금 지급 기간을 줄여 달라고 지속해서 요구했고 요구를 받아들여 주지 않으면 내부에 자금이 없다는 사유로 설치 자재나 공구, 도구들을 제때 가져오지 않고, 자신들 노무자의 대금 지급을 제때 하기 어렵다며 공사를 지연시켰다. 그러다가, 공정 막바지 단계에서 현지 협력업체는 추가 비용이 발생했으니 그 비용을 주지 않으면 자재를 공급하지 않겠다며 협상을 요구했다. 그러나 현지 협력업체의 부당한 협상 요구에 응하지 않고 법적인 검토에 착수했다. 급하게 대체 자재를 수배했지만, 현지에서는 구하기 어려운 자재들로 현장까지 수급해 오는 데 최소 두 달은 소요될 것으로 보인다. 소송을 검토했으나 계약상 제삼국인 파리에서 소송해야 하고 최종 판결 시점을 정확히 알 수는 없지만 최소 1년 이상은 소요될 예정이었다. 제삼국인 파리에서 체류하는 비용과 변호사 비용 등 소송 예상 비용은 막대했다. 배보다 배꼽이 더 큰 상황이 펼쳐지는 것이다. 게다가 협력업체는 상황이 불리해지면 고의 부도나 폐업을 할 수도 있다. 일정 지연에 따른 페널티 금액이 막대해 차라리 협력업체의 요구대로 돈을 주는 것이 오히려 비용이 싸게 드는 상황이었다. 이러지도 저러지도 못하는 상황에서 협력업체에 꼼짝없이 당할 처지에 놓이게 됐다.

현지 국가에서 자재를 수급할 수 없는 제품으로 프로젝트를 수행하는 경우 초기부터 대안을 검토해야 한다. 특히 현지 협력업체가 자신 말고는 대안을 찾기 어렵다는 것을 알면 기습적으로 부당한 요구를 해올 수 있다. 국내 프로젝트에서는 법적 대응이 비교적 쉽고, 장기적인 사업적 평판 때문에 협력업체가 이러한 선택을 하기 어렵다. 그러나 글로벌 프로젝트에서는 단기적 사업 관계일 경우가 많고 신뢰보다는 돈이 중요하다고 생각하는 업체가 많다. 따라서 항시 복수 견적을 받아 복수 업체를 확보하고 있어야 하며, 상기와 같은 문제가 발생하면 대안 업체로부터 자재를 공급받아 문제를 해결할 수 있음을 협력업체에 암묵적으로 인지시켜야 한다.

3.4
글로벌 일정 관리 –
지연 예방하기

글로벌 프로젝트는 서로 다른 문화권과 국가 간의 팀과 이해관계자가 혼재하기 때문에 하나의 일관된 일정을 공유해 관리하는 것이 중요하다. 글로벌 일정은 항상 공유해 누구나 볼 수 있게 해야 한다. 또한, 진행 업무를 업데이트해 현재 진행 상황과 지연 상황 발생 여부를 알 수 있게 시각화해야 한다. 따라서 고객 일정표도 수행사의 일정표와 함께 통합해야 하며, 한국에 떨어져 있는 팀의 일정도 함께 통합해 팀과 팀원이 어디에 있든 일정 계획과 업무 진행 내용을 공유할 수 있어야 한다.

3.4.1 일정 상세화

일정이 상세할수록 관리 수준이 높아진다. 따라서 가급적 상세화가 필요하다. 일주일 이상 걸리는 긴 작업은 작업을 좀 더 세분화해 관리한다. 일정이 뭉쳐 있을수록 중간에 일정 문제가 발생할 확률이 높다. 일정이 뭉쳐 있으면 작업 내용을 자세히 모르므로 관리를 부실하게 할 가능성이 높아지기 때문이다.

각 일정에는 해당 일정을 진행하기 위해 사전에 준비해야 할 자원과 인력을 연계해 기술한다. 이런 부분들이 일정상 자세히 파악되어 연결돼 있지 않으면 준비에 차질이 발생하며 일정 지연으로 이어진다.

예를 들어 A라는 설치 작업을 하기 위해서 B라는 설치 장비가 준비됐으나, 실제 B라는 설치 장비를 사용하기 위해서는 C라는 안전 검사 및 인증이 필요한 경우가 있다. C라는 안전 검사 및 인증은 한국의 경우 시일이 많이 소요되지 않지만, 현지 국가의 경우 인프라가 열악하거나 시간 준수 관념이 희박해 시간이 많이 소요될 수 있다. 이러한 경우에 C라는 요소 하나 때문에 전체적인 차질이 발생하고 A와 B의 대기 비용도 발생한다. 현지 국가 인프라 수준(교통 체증, 장비나 자원의 품질, 가용도 등)을 고려해 일정 관리를 진행한다. 한국의 상황을 생각하고 일정 관리를 하면 일정에 차질이 발생할 수 있다.

3.4.2 연결 일정 끊어주기

글로벌 프로젝트를 수행하는 국가가 시간관념이 약하고 시간 준수에 너그러운 곳일수록 버퍼를 확보하는 작업을 지속해서 수행한다. 선행 작업이 완료돼야만 후행 작업을 시작하는 일정을 찾아내 정말로 그런지 확인한다. 먼저 진행할 수 있는 일인데도 특별히 이유 없이 대기하는 일들이 있을 수 있다. 이런 일은 최대한 찾아내 먼저 진행시킨다. 보통 순차적으로 일이 진행되는 것을 선호하기 때문에 먼저 작업을 시작할 수 있는 일도 선행 작업이 끝나기를 기다리는 경우가 있다. 먼저 진행이 가능한 일은 먼저 진행하게 조정 작업을 지속해서 해야 한다. 이렇게 일정 조정과 관리를 적극적으로 하지 않으면 글로벌 프로젝트에서는 지연이 발생할 가능성이 높다. 이러한 방식으로 가용 시간을 확보해야 한다.

고객 일정도 마찬가지다. 현지에서는 한국보다 전반적으로 고객의 일 처리 속도가 늦기 때문에 선행 작업이 끝날 것을 기다리면서 대기하면 그에 따라 작업이 늦어질 가능성이 크다. 선행 작업과 분리해 먼저 진행할 수 있는 후행 작업을 최대한 찾아내 먼저 진행한다.

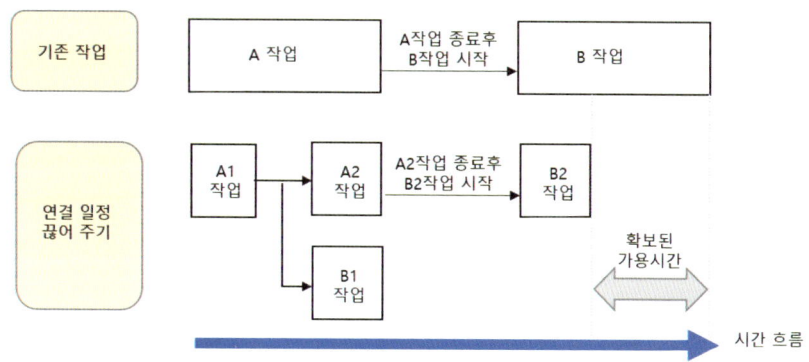

그림 3-2 연결 일정 끊어주기

3.4.3 타사의 지연 책임에서 벗어나기

타사의 공정과 글로벌 프로젝트를 이행하는 수행사의 공정이 상호 연관된 경우에는 아무리 수행사가 관리를 잘해도 의도치 않은 지연이 발생할 수 있다. 특히, 자신의 공정이 후 순위에 있을수록 선행 사업자의 지연으로 인한 동반 지연은 가중된다.

선행 사업자가 지연되는 경우에 수행사의 일정이 단축되는 상황이 발생함으로써 피해가 발생할 수 있다. 그러나 수행사 입장에서 먼저 진행할 수 있는 일이 있는 경우에도 의도적으로 선행 사업자 핑계를 대면서 방치하면 향후 책임을 피하기가 어렵다. 그렇다고 선행 사업자의 작업이 진행되는 도중 함께 일하면 작업 효율성이 떨어지고, 작업 공간이 확보되지 않아 피해를 입는 딜레마가 있다. 바쁘고 정신이 없는 상태에서 선행 사업자가 지연된 상태로 수행사가 고객에게 별다른 조치 없이 프로젝트를 진행하면 결국 막바지에 모든 책임이 수행사에게 몰린다. 이때가 되면 문제를 유발한 선행 사업자는 자신에게 일정 지연 책임은 없으며 후속 사업자인 수행사의 역량 부족이라고 몰아붙이면서 책임을 회피하려고 할 것이다.

따라서 프로젝트를 시작하기 전에 수행사 일정뿐만 아니라 타 사업자의 일정까지 포함된 전체 일정을 파악하고 이해하고 있어야 한다. 수행사의 공정이 후순위에 있을수록 주의한다.

주간보고에 기록을 남겨 일정 지연 책임이 수행사에게 있지 않음을 지속해서 기록으로 남기고 향후 일정 지연 발생 시 증빙 자료로 활용한다. 선행 사업자가 만든 지연이 중대하고 수행사의 선의의 노력으로도 만회할 수 없는 상태의 지연이 발생한 경우라면 원인과 책임을 분석하고 그에 따른 추가 일정과 비용을 산정해 클레임을 한다. 따라서 사업 초기부터 일정 지연 문제가 어디에서 발생하는지 쉽게 식별할 수 있게 문서상에 해당 항목을 미리 체계화해야 한다. 초기부터 이렇게 비교 체계를 갖추어 놓지 않으면 나중에는 쉽게 비교하기가 힘들어져 선행 사업자의 책임을 명확하게 밝히기가 어려워진다. 문제가 서로 뒤섞여 수행사의 책임과 타사의 책임이 모호해지는 상태를 방지하는 것이다.

고객 일정의 경우에도 마찬가지다. 고객 설계 문서 승인이 늦어지는 경우에 수행사 일정에도 지연이 발생한다. 사업 초기에 고객 문서 검토 및 승인 기간을 분명히 하고, 지연이 발생할 때는 꾸준히 주간보고에 기록해 증빙을 확보해야 한다. 고객 조직의 문화적인 특성으로 인해 지연이 일상적으로 일어나는 경우도 있다. 고객의 사유로 인해 발생하는 지연은 클레임 대상이 되기 때문에 공문, 메일, 주간보고 등을 활용해 차곡차곡 클레임용 증빙을 쌓아둬야 한다.

3.5

갈등 관리 –
축적되는 마찰 풀어주기

글로벌 프로젝트는 문화 차이나 사고방식의 차이 등으로 인해 갈등이 벌어질 가능성이 높은 환경이다. 갈등은 문헌마다 매우 다양한 뜻으로 정의하고 있어 하나로 정의하기가 힘들다. 글로벌 프로젝트에서 관리해야 할 갈등을 상호 간의 이해관계 불일치로 인한 대립이라고 정의해 보자. 한쪽의 이해관계가 충족될 때 다른 쪽 이해관계는 손해 본다면 상호 간에 마찰이 생겨난다. 갈등은 갑자기 발생하는 것보다는 여러 번의 마찰이 점진적으로 반복하며 축적되다가 특정 수준을 넘어서면 폭발한다.

갈등을 방치하면 프로젝트가 원활하게 진행되지 못하게 문제가 생기고 결국 성공적인 프로젝트 목표 달성을 못 하게 할 수 있다. 따라서 갈등을 조기에 찾아내 축적되는 마찰을 풀어주는 것이 중요하다.

갈등 관리에 대해서는 많은 연구가 수행됐다. 독일 심리학자인 킬만과 토마스(Kilmann & Thomas)는 갈등 관리 방식을 다음의 다섯 가지 유형으로 구분했다.[25]

- **경쟁(Competing)**: 일방적으로 한쪽의 이해만 충족
- **협력(Collaborating)**: 갈등을 마주하고 해결책을 찾음
- **타협(Compromising)**: 양쪽 모두 조금씩 희생해 부분적 만족
- **회피(Avoiding)**: 갈등 상황에서 회피
- **수용(Accommodating)**: 한쪽의 이해를 완화해 해결책 모색

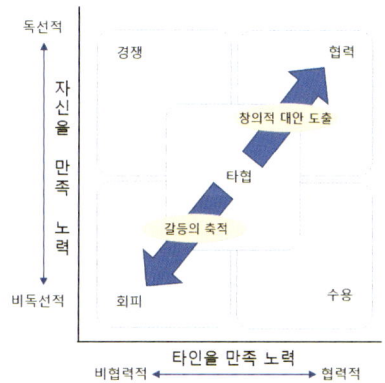

그림 3-3 5가지 갈등 관리 유형

어떤 방식이 좋거나 나쁘다고 말하기보다는 갈등이 벌어진 상황에 맞춰 갈등 관리 방식을 선택적으로 적용하는 것이 좋다. 갈등은 사소하더라도 여러 번 반복되면 결국 악화되어 나타나므로 회피를 선택하는 것이 좋은 방식은 아니다.

갈등 관리 상황을 종합하자면, 상호 간 Win-Win(협력)하거나 Win-Lose(경쟁 혹은 수용)하거나 Lose-Lose(회피)하는 세 가지 경우 중 하나의 상황으로 귀결된다. Win-Win하는 협력 상황이 제일 좋다는 것은 다들 알고 있지만, 해법을 찾기가 어렵다. Win-Win 해법을 찾기 위해서는 갈등을 해소할 수 있는 대안을 찾아내려고 노력한다. 대안을 찾아내려고 노력하지 않으면 Win-Lose와 Lose-Lose

를 놓고 서로 갈등한다. 결국 대안을 찾아내지 못하고 양쪽 모두 조금씩 물러나서 부분적으로 만족하는 타협(Compromising)도 현실에서 자주 목격된다.

창의성은 기업 성장을 위한 중요한 요소로 강조되는데, 이런 거창함을 떠나서 내 눈앞의 갈등 해소를 위해서도 중요하다. 창의성을 발휘해 다양한 대안을 찾아내려는 노력이 갈등을 줄일 수 있기 때문이다. 추가로 글로벌 프로젝트에서는 현지 문화에 대한 이해도가 높아야 좀 더 실현 가능성 높은 갈등 해결 대안을 찾아낼 수 있다.

문화권마다 갈등을 대하는 방식이 다르다. 저맥락 문화의 사람들은 사람 간의 관계를 중시하기 때문에 직접적이기보다는 간접적으로 상대를 배려하며 의사소통하는 경향이 높다. 미국과 같은 저맥락 문화의 국가는 명확하고 직설적으로 얘기해야만 소통이 되며 개인 중심적으로 소통한다. 고맥락 문화의 사람이 저맥락 문화의 사람과 섞여 의사소통을 하는 경우 상호 간 문화 차이로 인한 갈등의 소지가 높다. 저맥락 문화 사람은 고맥락 문화의 사람이 하는 이야기의 핵심을 몰라 혼란을 겪으며 고맥락 문화 사람은 저맥락 문화 사람의 직설적인 화법에 불편함을 느끼고 이기적이라고 생각한다. 의사소통으로 인한 갈등을 피하려면 글로벌 프로젝트를 수행하는 국가의 의사소통 맥락 수준을 파악해야 한다. 그리고 상대방이 왜 저렇게 생각하고 행동하는지 기저에 깔린 사상을 파악한다. 기저에 깔린 사상을 파악하지 못하면 상대방을 이해하는 것이 불가능해지고 힘으로 억압적으로 눌러야 할 대상이 되고 만다. 상대방 역시 내가 생각하는 방식을 이해하지 못하면 나를 도저히 평화적으로 받아들일 수 없는 대상으로 보게 된다.

프로젝트를 착수하면 프로젝트 관리자는 고객, 협력업체, 팀 내부 간 신뢰 관계 수립 및 상호 신뢰 분위기를 확산시키는 데 주력한다. 내 생각의 근거는 무엇이며, 어떤 방식으로 판단했는지를 상대에게 알려준다. 이렇게 함으로써 신뢰를 쌓아간다. 신뢰는 상대가 취약할 때 공격하지 않을 것이라는 믿음을 주는 것이다. 갈등의 시작은 신뢰 관계 부족에서 비롯된다. 신뢰하는 분위기만큼 갈등을 줄이는 것은 없다.

프로젝트 관리자는 평소와는 다른 분위기나 뉘앙스가 감지되면 어떤 문제가 있는지 파악한다. 사전에 문제를 찾아내 풀어주지 않으면 곧 그 문제가 프로젝트를 방해하는 갈등 요소로 등장한다. 프로젝트 관리자만큼 갈등을 찾아내 관리할 수 있는 권한을 가진 사람은 없다. 갈등은 여러 부분에서 일어날 수 있다. 팀과 고객 간의 갈등, 팀 내부의 갈등, 팀과 협력업체의 갈등이 있을 수 있다. 그러나 대응 방법은 유사하다. 프로젝트 관리자는 갈등 자체를 안고 그 속으로 뛰어들기보다는 가이드와 방침을 제시할 수 있어야 한다. 프로젝트 관리자는 프로젝트의 마지막 방어선이기 때문에 갈등에 휩쓸려 버리면 더이상 방안을 찾기 힘들어진다. 갈등 대응 방안을 찾으면 사전 설정한 가이드와 방침을 제시하고 해결 방안 쪽으로 유도해야 한다.

케이스 스터디

H 프로젝트의 프로젝트 관리자는 고객이나 협력업체를 가리지 않고 모든 현지인이 어떤 잘못에 대해서도 너무 구차하고 말도 안 되는 변명을 늘어놓는다고 생각했다. 분명히 자신들이 잘못한 일인데도 자기들은 아무 잘못이 없으며, 주변 환경 탓으로 문제의 원인을 돌렸다. 분명 자신이 사전에 대비하고 챙겼어야 하는 일도 모두 남의 탓이었다. 그리고 변명하는 것을 당당해하기까지 했다. 프로젝트를 진행하면서 이들에 대한 불만은 계속 쌓여만 갔고 이들과 이야기를 할 때마다 짜증으로 언성이 높아져 갔다.

잘못의 불인정과 변명은 사실 현지 프로젝트뿐만 아니라 택시기사, 마트, 세탁소 등 현지 어디서나 마찬가지였다. 이렇게 된 배경에는 잘못의 책임이 자신에게 있는지 아닌지를 떠나서 무조건 잘못을 인정하지 않아야 이익이 되는 현지 사회 시스템이 있었다.

이러한 사회 시스템은 일단 사과하는 순간, 모든 책임과 손해가 사과하는 사람에게 집중되는 구조다. 예를 들면, 한국에서 자동차 접촉 사고가 났을 때 상대에게 미안하다고 말할 때가 있는데, 현지에서는 사고가 나는 경우 미안하다고 말해서는 안 된다. 미안하다거나 사과의 표현을 사용하는 순간 교통사고 책임이 그 말을 한 사람에게 집중되는 경향이 있다.

프로젝트에서도 사과의 뜻은 책임을 진다는 의미로 읽힐 수 있으므로 자신이 잘못해도 일단 회피하는 게 합리적이다. 이런 사회적 구조에서 "저 사람은 비겁하게 왜 책임을 회피하는가!"라고 탓하는 것은 전혀 도움이 되지 않는다.

특히 과거 식민지 국가였던 곳에서는 책임 회피 경향이 강한데, 이들 국가는 과거 식민지 시절 잘못을 하는 순간 큰 피해를 입는 시스템이었다. 이들에게는 잘못을 인정하지 않는 것이 합리적이라고 생각할 수 있다. 따라서 상대가 하는 변명이 맞는지 틀리는지에 대해서 이야기를 시작하면 갈등이 증폭되기 시작한다.

한국의 프로젝트에서는 굳이 만들어 두지 않아도 될 백업 플랜을 글로벌 프로젝트에서는 사소한 것 하나까지도 여러 개 마련해 둬야 한다. 백업 플랜을 마련하는 데는 시간과 공수가 많이 들어가지만, 의외로 필요한 일이 자주 생긴다. 책임감과 잘못을 놓고 따지는 것보다는 현지 사회 구조적 메커니즘을 이해하고 현지 상황을 일반적인 상황으로 간주하고 어떻게 프로젝트에 미치는 영향을 최소화할 것인지를 고민해야 한다.

3.6

협상하기 –
분배보다 효율성에 집중하기

갈등이 상호 간의 이해관계 불일치로 인한 대립이라고 정의한다면 이 불일치로 인한 대립을 풀어서 합의에 도달하는 것을 협상이라고 할 수 있다. 글로벌 프로젝트를 수행하다 보면 고객이나 현지 협력업체와 협상해야 할 것들이 매일 생긴다. 프로젝트에 미치는 영향도가 크지 않은 것들은 단순한 의사결정 문제로 분류하고 선택의 문제로 접근하면 된다. 프로젝트 효율성에 이익이 되거나 유리한 대안을 선택한다. 그러나 프로젝트에 미치는 영향도가 큰 사안은 협상 전략과 계획이 필요하다.

간단한 문제나 수행사의 자체 잘못으로 인해 발생한 문제에 대해서는 책임 의식을 갖고 신속히 해소한다. 고객이나 협력업체로 인해 또는 상호 모호한 책임 등에 의해 기인한 문제라면 고객이나 협력업체가 책임을 인지하고 문제를 해결하게 한다. 또는 프로젝트에 미치는 영향을 최소화할 수 있게 그들과 협상을 진행한다. 수행사가 보기에는 고객이나 현지 협력업체의 문제로 보이는 데도 고객이나 현지 협력업체는 자신들의 책임을 인정하지 않고 수행사가 이러저러한 잘못을 했기 때문에 문제가 발생했다는 식으로 반응하기 쉽다. 이 경우에 논의하는 과정에서 서로 감정이 상하고 문제를 해결하기도 쉽지 않다.

원활하게 협상을 진행하려면 협상 목표와 우선순위를 명확하게 하여야 한다. 프로젝트에 미치는 영향도를 없애는 것이 목표인지, 비용 영향도를 없애는 것이 목표인지, 부당하다고 생각되는 것을 찾아내서 일벌백계하거나 사회의 정의를 바로 세우는 것이 목표인지 명확히 한다. 차분하게 문제의 원인을 찾고 협상을 위해 목표와 우선순위를 정하다 보면 가끔 감정이 상해 상대방에 타격을 입히는 것이 목표였음을 깨달을 때가 있다. 이런 것이 목표가 되면 협상이 잘 진행되지 않고 갈등만 증폭된다. 따라서 감정은 최대한 자제하고 팀원들과 함께 목표와 우선순위를 시각화하면서 차분하게 진행한다. 어떤 것을 목표로 삼았는지에 따라 협상 내용도 달라지고 결과물도 달라진다.

협상에 성공하려면 신뢰가 선결돼야 한다. 신뢰가 확보되지 않으면 협상이 진행되기는 어렵다. 상대와 협상으로 문제를 풀어나갈 수 있는 분위기인지 아닌지는 상대와 대화할 때 대화의 음성이 서로 어느 정도 겹치는지를 보면 알 수 있다. 상대가 말을 할 때 말을 끊거나 상대가 말하는 중인데도 그 말이 듣기 싫어서 나도 겹쳐서 말을 하는 것이 반복되면 협상이 진행될 수 없다. 아무리 수행사의 대응 논리가 훌륭하고 위대한 협상 전문가가 포진하고 있더라도 이런 분위기에서는 협상이 되지 않는다. 일단 그 미팅은 잘 마무리하고 마음을 가라앉힌 다음 다시 미팅 약속을 잡는 것이 좋다. 여러 번 미팅을 해서 서로의 감정이 누그러져 상대의 말을 끝까지 잘 듣고 차례로 대화를 나누는 상황이 되면 협상이 진행될 분위기가 무르익은 것이다.

협상에는 효율성의 이슈와 분배의 이슈가 양립하는데, 분배보다는 효율성 측면으로 접근한다. 효율성의 이슈란 각자가 먹을 수 있는 파이를 얼마나 크게 키울 수 있는가에 집중하는 것이고, 분배의 이슈는 파이를 누가 얼마만큼의 크기로 차지할 것인가에 집중하는 것이다. 협상 시 협상 결과로 발생할 수 있는 경우의 수는 Win-Win, Win-Lose, Lose-Lose의 3가지다. Lose-Lose 상황은 다들 피하려 할 것이며, Win-Win 상황이 좋다는 것은 다들 알고는 있지만 달성하기가 어렵다. 그러다 보니, Win-Lose를 놓고 서로가 Win하기 위해 충돌하게 된다. Win-Lose 협상은 전형적으로 분배에 집중하는 협상이다. Win-Lose 상황과 같이 한쪽만의 이해가 충족되면 다른 한쪽의 신뢰가 훼손된다. 협상 중에는 효율성에 대해 좀 더 집중해 창의적인 제삼의 대안을 찾기 위해 노력한다. 이것은 앞서 3.5 '갈등 관리 - 축적되는 마찰 풀어주기'에서 살펴본 내용과 동일하다. 결국 갈등 관리도 서로 간의 협상의 일종이기 때문이다.

프로젝트가 시작되면 사소한 것부터 중대한 것까지 협상 거리로 활용할 수 있는 항목을 끌어모아야 한다. 나중에 활용할지 여부를 떠나서 항상 수집하고 있어야 한다. 보통 이러한 협상 거리는 계약서에 충분히 반영이 안 되었거나 계획 수립 시 불확실한 것들을 식별한 가정 및 제약조건 대장에 기록되어 있다. 이슈 및 리스크 관리 대장에도 협상 거리로 활용할 만한 항목들이 기록되어 있다.

평소 고객의 사소한 요청도 기록해 둬야 한다. 요청 내용이 크지 않고 충분히 수용 가능해서 이견 없이 받아준 것들도 기록해야 한다. 이렇게 사소한 요청도 쌓이면 가랑비에 옷 젖듯이 프로젝트의 부담 요소로 작용한다. 이 모든 것을 기록해두고 조합해서 제삼의 대안을 만들어 한다. 평상시 고객이나 현지 협력업체와 주고받을 아이템을 사전에 식별하고 기록하는 활동을 해놔야만 협상 시 여러 가지 대안을 도출할 수 있다. 협상 도중에 갑자기 대안을 찾으려고 하면 잘 안 찾아진다. 이렇게 여러 대안을 찾아봄으로써 한쪽만 희생하는 협상을 지양해야 신뢰가 쌓인다. 협상에서 신뢰는 조건이 아닌 결과이기 때문이다.

미국, 호주, 영국과 같은 저맥락 문화권의 국가들은 직설적이고 상세하고 정확한 의사 표현을 선호한다. 고맥락 문화권은 관계 지향적이며 간접적인 의사 표현 방법을 사용한다. 주로 동양의 국가들과 아랍 국가들이 그런 편이다. 한국 기업이 많이 진출해 사업을 진행하고 있는 아랍국가의 경우 한국인이 보기에 비합리적이고 고집스럽다고 느낄 때가 있다. 이들은 관계 지향적이어서 관계가 구축되지 않은 사람에게는 불신감이 크며 자존심이 강해 상대에게 굽히지 않는다. 또한, 전반적으로 느긋하며, 일 마무리에 크게 집중하지 않아 이들과 협상할 때는 시간에 쫓기는 측이 불리해진다. 따라서 협상 시 시간에 쫓기지 않는 환경을 만드는 데 신경 써야 한다.

협상을 잘하기 위해서는 명분을 잘 찾아내는 것도 중요하다. 고객도 내부적인 감사 절차가 존재하고, 향후 협상 결과에 따라 내부적으로 문제가 되거나 추궁을 당할 수도 있다. 따라서 항상 고객이 취할 수 있는 명분을 고민해줘야 한다. 고객에게 좋은 명분을 만들거나 찾아주면 협상 진행에 도움이 된다.

장기적인 관계 유지가 신뢰에는 중요하므로 협상 중에 신뢰가 훼손될 행동은 하지 않아야 한다. 아무리 상대와 언성을 높여 회의를 하더라도 회의 시작과 끝은 웃음과 유머로 시작하고 끝맺어야 한다. 다들 각자 조직에 대한 책임감으로 조직의 이익 보호를 위해 얼굴을 붉힐 뿐이지, 공동의 목표 달성을 위해 일하는 전문가들이기 때문이다. 당장의 협상에서 상대로부터 이익을 취하는 데 성공하더라도 신뢰가 훼손된다면 득보다 실이 많을 수 있다. 고객과 현지 협력업체는 프로젝트가 끝날 때까지 함께 가야 할 파트너라는 점을 명심한다.

3.7

리스크 관리와 의사결정 –
위험의 발생과 진행 억제하기

한국과는 모든 것이 다른 낯선 환경에서 프로젝트를 진행하는 것은 리스크라는 구덩이에 파묻혀서 프로젝트를 진행하는 것과 같다. 리스크란 프로젝트 성공에 부정적인 영향을 끼칠 수 있는 아직 발생하지 않은 문제들이다. 글로벌 프로젝트를 진행하면 부지런히 발생 가능한 리스크를 찾아내 관리해야 한다. 리스크가 없는 프로젝트는 없으며, 리스크를 제거할 수 있다면 좋겠지만 완전히 없어지지는 않는다. 리스크는 마치 치료하기 어려운 당뇨병을 닮았다. 당뇨병은 꾸준하고 규칙적인 관리를 통해 병의 발생과 진행을 억제해야 하는 병이다. 리스크도 꾸준히 모니터링하고 관리해 이슈로 전이되는 것을 억제해야 한다.

3.7.1 리스크 식별

글로벌 프로젝트의 리스크를 식별하는 일은 쉽지 않다. 사람마다 리스크에 대한 생각이 다르고, 동일한 리스크도 사람이나 프로젝트 성격마다 다르게 나타난다. 이런 점들이 리스크 식별에 어려움을 준다. 게다가 리스크는 독립적이지도 않고 리스크끼리 영향을 주면서 변하기도 한다. 이렇게 어려운 리스크를 식별하기 위해서는 기존에 수행했던 프로젝트 결과를 바탕으로 리스크를 데이터베이스화해 관리하고 있어야 한다.

프로젝트를 종료할 때마다 리스크를 데이터베이스화하는 것이 회사 내에 프로세스로 만들어져 있어야 한다. 왜 문제가 발생했는지, 사전에 막을 수는 없었는지, 어떻게 대처했는지, 다음번에 잘하려면 어떻게 해야 하는지를 별도의 시간과 노력을 들여 데이터베이스로 만들어둬야 한다.

이 책에서 언급한 모든 내용 자체가 글로벌 프로젝트의 리스크 항목 역할을 한다. 데이터베이스가 없다면 이 책에서 기술한 내용을 바탕으로 리스크를 식별하는 작업을 진행해 보자. 리스크 관리라는 별도의 챕터가 있는 것이 아니라 앞서 이 책의 여러 파트에서 문제를 예방하고자 수행한 모든 활동이 리스크 관리인 것이다.

리스크 항목과 내용은 가급적 구체적이어야 한다. 예를 들어 '고객 승인 지연 가능성' 또는 '설계 시 A 부분 설계 품질 저하로 인한 미승인 가능성'과 같이 식별하면 나중에 관리하기도 어렵고 해결 전략을 수립하기도 힘들다. '고객 최초 책임자의 IT 이해도 부재에 따른 감리 회사 통제 미비 가능성' 또는 'A 부분 설계 시 B사와 C의 설계가 융합되지만 통합 설계가 안 될 가능성'과 같이 식별해야 리스크 해결 전략을 세울 수 있다. 프로젝트 초기에 팀원이 함께 모여 브레인스토밍을 통해 리스크를 식별해 보자. 또한, 유사 프로젝트 유경험자나 글로벌 프로젝트 경험자 또는 외부 전문가를 초대하거나 인터뷰해서 리스크를 최대한 식별하는 작업을 한다.

3.7.2 리스크 평가

식별된 리스크에 대해 내용을 분석하고 평가를 수행한다. 식별된 리스크가 발생할 확률이 얼마인지, 그 영향도는 어느 정도일지 예측한다. 동일한 리스크라도 한국에서의 발생 확률 및 영향도와 글로벌 프로젝트에서의 발생 확률 및 영향도는 다르다.

예를 들어, 현장 내 설치 공사를 할 때 '계획된 시간 내 작업 미수행에 따른 일정 지연 리스크'의 경우, 글로벌 프로젝트에서는 한국보다 발생 확률은 높지만 영향도는 낮을 수 있다. 현지 국가 내 모든 부문에서 전반적으로 노동 생산성이 떨어지므로 낮은 노동 생산성을 감안해 전체 사업 일정을 한국보다 길게 잡는 경우가 있기 때문이다. 확률과 영향도를 계산해 다음과 같은 표에 정리한다.

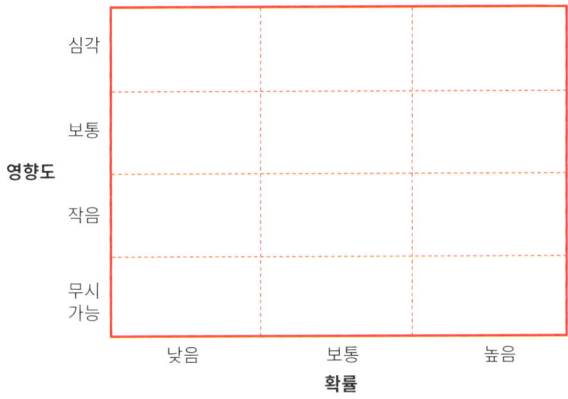

그림 3-4 리스크 영향도/확률 매트릭스

특히 영향도가 심각하고 발생 확률도 높은 리스크에 대해서는 집중적으로 관리해서 확률이나 영향도를 낮춰야 한다. 대응 계획을 수립하기 위해 이 리스크가 미치는 영향도를 돈으로 환산해 보는 것도 의미가 있다. 예를 들어, 타사의 선행 공정 지연으로 현장을 확보하지 못함으로써 수행사 프로젝트에 지연이 발생해 추가 비용이 발생하는 것을 살펴보자.

현장 투입 지연	발생 확률	추가 비용	EV(예상 가치)
5일 지연	10%	–	–
10일 지연	20%	1,000만원	−200만원
15일 지연	40%	2,000만원	−800만원
20일 지연	20%	3,000만원	−600만원
25일 지연	10%	4,000만원	−400만원

그림 3-5 리스크 발생 확률에 따른 예상 가치 계산

고객이 선행 사업자와 협의해 앞으로 언제까지 현장 확보를 결정하지 않으면 추가 비용이 발생할 수 있음을 알려주고 그 시점 이후부터는 클레임의 대상이 됨을 고객과 협의한다. 보통 클레임 통지 기간은 상황을 인지한 날로부터 28일 이내(계약 협상마다 다를 수 있음)이므로 기간을 놓쳐서는 안 된다.

발생이 예상되는 추가 비용 영향도를 최소화하기 위해서 팀 유지를 어떻게 할 것인지, 일정 계획을 어떻게 재수립할 것인지를 판단하는 리스크 발생 확률에 따른 예상 가치 계산 자료를 근거로 활용한다. 그리고 선행 작업이 종료되지 않았지만, 피해 최소화를 위해 일부분이라도 동시에 작업하는 방안도 종합적으로 검토한다. 돈으로 리스크 확률을 환산해 평가해 보면 리스크 영향도를 체감할 수 있고 비용에 맞는 대응 계획을 수립할 수 있다.

3.7.3 리스크 대응 방안

식별된 리스크는 발생 확률과 영향도가 높은 것을 중심으로 대응 방안을 수립한다. 예를 들어, 현지 국가와 원자재 공급국가의 외교적 마찰로 인해 원자재를 수급하는 것이 불가능할 공산이 있거나 운송 지연 등의 문제가 생길 가능성이 감지되는 경우에 취할 수 있는 전략은 다음과 같다.

- **회피 전략**: 설계를 변경해 해당 원자재가 필요하지 않게 진행하거나 외교적 마찰이 없는 국가로 원자재 수급 국가를 변경
- **완화 전략**: 외교 마찰로 인한 운송 차질 발생 시 공기 연장 혹은 추가 비용 협의가 가능한 근거를 계약서에 삽입
- **전이 전략**: 자재 구매 및 운송에 대해 역량을 잘 발휘할 수 있는 업체를 선정해 별도로 발주
- **수용 전략**: 프로젝트 진행 중 외교 마찰로 인한 운송 차질 발생 시 공기 연장 혹은 추가 비용에 대해 클레임 준비 및 고객과 협의

현실적으로 상기 리스크 대응 방안 중 어느 하나 쉬운 것은 없다. 고객이 설계 변경을 수용할 것인지 불확실하며, 계약서에 조문을 삽입하거나 자재 구입 운송을 잘 할 수 있는 업체를 찾을 수 있을지 알 수 없고, 고객이 클레임을 받아주게 하는 작업도 만만한 작업이 아니다. 그리고 상기 대응 작업을 하는 데는 많은 시간과 노력이 필요하다.

따라서 리스크를 가급적 초기에 식별해 가능한 한 많은 시간을 확보하는 것이 중요하다. 그래야 현실적인 대응 방안을 수립하고 실현할 가능성이 커진다.

3.7.4 모니터링 및 관리

리스크의 형태나 발생 확률, 영향도는 프로젝트가 진행되면서 계속 변한다. 프로젝트가 진행됨에 따라 새로운 리스크가 나타나기도 하는데, 이슈 및 리스크 관리 대장에 지속해서 업데이트하면서 관리 활동을 수행한다.

업데이트 및 모니터링 관리 활동을 위해서는 각각의 리스크에 대해 지표를 만들어 둬야 한다. 리스크 지표에 어느 정도의 여유(Tolerance) 수준을 할당하고 이 여유 범위를 벗어나는지 모니터링한다. 이 범위를 벗어나면 프로젝트 팀 전체에 경보를 울리고 여유 범위 내에 있게 한다. 예를 들어, '고객 설계 승인 지연으로 인한 전체 설계 일정 지연'이라는 리스크가 있는 경우에 지연일이 특정 기준(예: 5일 이상)을 벗어나면 경보를 울릴 수 있게 체계화해야 한다. 리스크 관리 체계를 시스템화해서 자동으로 동작할 수 있게 해야 프로젝트 중간에 관리가 흐지부지되어 낭패 보는 일이 없다.

3.7.5 의사결정하기

의사결정은 문제가 발생하지 않게 하기 위해서 또는 문제를 해결하기 위해서 여러 개의 대안 중 우월한 한 가지를 선택하는 것이다. 프로젝트가 진행되면서 다양한 상황이 발생하는데, 프로젝트 관리자는 이때마다 의사결정을 해야 한다. 프로젝트의 성공 여부는 프로젝트 진행 중에 결정한 모든 개별 의사결정의 합으로 결정된다. 따라서 작은 의사결정 하나라도 프로젝트 성공 관점에서 신중히 내려야 한다.

프로젝트가 품질 기준을 충족하는 결과물을 고객에게 공급해야 하는 것과 마찬가지로 의사결정도 품질 좋게 내려야 한다. 좋은 의사결정을 했지만 나쁜 결과가 초래될 수도 있고, 나쁜 의사결정을 했지만 좋은 결과가 나올 수도 있다. 좋은 의사결정은 내가 그 의사결정을 내릴 때 체계적이고 합리적이었는지가 중요하지, 그 결과의 좋고 나쁨과는 별개다. 의사결정은 그 결과만 보고 판단할 것이 아니라 그렇게 결정하게 된 과정도 중요하게 고려해야 한다.

글로벌 프로젝트에서는 벌어진 문제가 프로젝트에 영향을 미치지 않게 훌륭하게 대처하는 것도 중요하지만, 애당초 그 문제가 발생하지 않게 의사결정을 잘하는 것이 더 중요하다.

예를 들어, 현지 협력업체 문제로 인한 일정 지연을 여러 가지 아이디어와 팀워크를 동원해 큰 영향 없이 잘 해결하는 것은 중요하다. 하지만 애초에 현지 협력업체의 문제로 인한 일정 지연 상황이 벌어지지 않게 사전에 여러 대안을 놓고 의사결정을 하는 것이 더 중요한 것이다. 문제를 훌륭하게 해결한 것이 더 잘한 일일까, 아니면 그 문제 자체가 일어나지 않게 하는 것이 더 잘한 일일까? 문제 자체가 일어나지 않은 것은 실제로 문제가 없어서 그런 건지, 아니면 문제 요인을 제거했기 때문에 그런 건지 알 수 없다는 딜레마가 있다. 그래서 의사결정은 결과보다는 그 과정을 들여다봐야 한다.

좋은 의사결정을 내리려면 의사결정 과정이 체계적이어야 하고, 의사결정을 위한 여러 개의 가치 있는 대안을 찾아내야 한다. 실현 가능성이 낮거나 형식적인 대안을 도출하는 것은 의미가 없다. 주변 상황과 리스크를 잘 관찰해 수집된 정보를 바탕으로 의사결정 트리를 그려보면 의외로 선택할 수 있는 의사결정의 범위가 정해져 있는 것을 볼 수 있다. 수집된 정보가 많을수록 대안의 현실성은 높아지고 좋은 의사결정을 내릴 가능성도 높아진다. 따라서 평상시 호기심을 갖고 주변을 둘러보고 여러 가지 상황과 정보를 탐색하는 것을 게을리해서는 안 된다.

2.4 '글로벌 팀 만들기' 파트의 끝부분에 있는 케이스 스터디를 다시 상기해 보자. 현지 협력업체가 합리적이지 않은 추가 비용을 요청하는 것을 수용하거나 그들과 법정 싸움을 진행해야 하는 리스크 속에서 의사결정을 내려야 하는 어려움에 처해 있다. 이러한 상황을 의사결정 트리를 그려보면 다음과 같다.

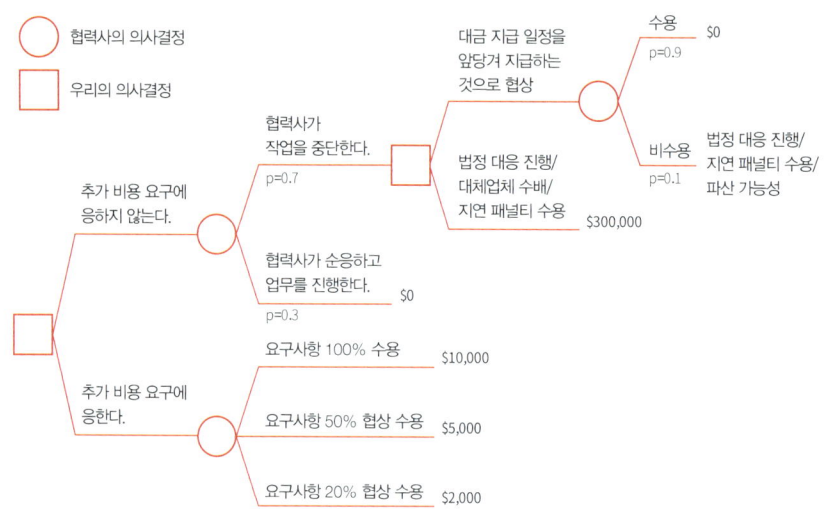

그림 3-5 현지 협력업체 리스크 의사결정 트리

실제 리스크가 이슈로 전환되면 상황이 복잡해지고 여기저기 다른 일도 함께 벌어지면서 정신이 없다. 복잡한 상황 속에서 의사결정 트리를 그려보면 어떻게 협상할 것인지 계획을 세울 수 있다. 위 의사결정 트리는 설명을 위해 단순화한 것으로 실제로는 더 많은 대안이 존재할 것이다. 대안이 많으면 많을수록 좋은 의사결정을 내릴 수 있다. 좋은 의사결정을 위해서는 실현 가능한 대안을 많이 찾아내야 하기 때문에 기술의 전문성뿐만 아니라 현지 문화의 이해를 기반으로 글로벌 지식과 소양을 갖추려고 노력한다.

04

글로벌 프로젝트
종료하기

4.1
종료 계획 수립 –
누락 항목 방지하기

글로벌 프로젝트의 종료 단계에 도달하면 어떻게 유연하게 프로젝트를 종료하고 철수할 것인지 계획을 수립해야 한다. 국내 프로젝트에서는 계약 목적물과 고객, 수행사, 협력업체가 모두 한국에 있기 때문에 계약 목적물의 품질에만 문제가 없다면 프로젝트를 종료하는 것은 크게 어렵지 않다. 그러나 글로벌 프로젝트에서는 철수 계획을 수립하고 누락 사항이 생기지 않게 준비하지 않으면 현지에서 철수하는 것이 쉽지 않다. 또한, 제대로 마무리되지 않고 행정적으로 누락된 부분이 생기는 경우에 현지에서 철수한 후에 다시 되돌아와서 누락된 부분을 정리하기가 쉽지 않으며 추가 비용이 발생한다.

따라서 종료 계획을 수립해 누락되는 것 없이 원활하게 종료할 수 있게 차근차근 진행해야 한다. 종료해야 하는 항목을 식별하고 항목별로 언제 어떻게 완료할 것인지 계획을 수립한다. 종료 계획 수립 시 고려할 대표적인 항목은 다음과 같다.

- 남아있는 산출물과 인도물 종료 계획
- 완결되지 않은 태스크 종료 계획
- 검수 이후에 진행될 작업 계획 및 인수인계 사항
- 고객사 잔금 청구 계획
- 협력업체 잔금 지급 계획
- 인원 철수 일정 및 재배치 계획
- 프로젝트 수행 과정에서 발생한 지적 자산 처리 계획

4.2
하자보수 계획 수립 –
사전에 조직과 인력 만들기

예비 준공 확인(Provisional acceptance)을 받으면 계약서에 명시된 하자 이행 기간(Defect liability period) 동안 하자 보수를 수행해야 한다.

글로벌 프로젝트를 수행하다 보면 한국(또는 제삼국)에서 조달한 자재나 장비가 많을 수 있다. 현지 국가에 대리점이 없는 자재나 장비를 수입해 프로젝트가 이행된 경우에 하자 보수 방안을 신중하게 수립해야 한다. 자재나 장비의 크기, 가격, 관세율, 고장률, 수리의 용이성 등을 고려해 현지에 일정량의 재고를 보관해 하자가 발생하면 즉시 교체한다. 하자로 인해 교체한 제품 수량이 일정 수준을 넘으면 교체된 제품을 도입한 국가에 수리를 위해 한꺼번에 운송하는 방안을 고려한다.

그러나 고장이 자주 발생하거나 운송하는 것이 까다로우면 문제가 발생한다. 예를 들어 고장 난 제품을 현지에서 교체한 후에 고장품을 한국(또는 제삼국)으로 역 운송하여 수리한 뒤에 현지로 다시 들여오면 비용과 시간이 증가한다. 관세가 다시 발생할 수도 있다. 고장품의 운송량이나 횟수가 증가하거나 하자 보수를 위해 현지로 출장가는 횟수가 늘어나면 비용이 증가한다. 현지에서 직접 수리할 수 있는 협력업체와 계약하는 방안을 강구해야 할 수 있다. 또는 하자보수 인원을 채용해 현지 조직을 구성하는 것도 한 가지 방안이다.

현실적이며 경제적인 하자 보수 계획이 수립되려면 프로젝트 초기 단계부터 하자 보수를 대비한 계획을 수립해야 한다. 보통 프로젝트 초기 단계에는 하자 보수 계획을 수립하지 않는다. 다른 급한 일도 많고 먼 훗날의 일처럼 생각되기 때문이다. 프로젝트 초기 단계부터 하자 보수를 수행할 수 있는 현지 파트너와 현지인 인력을 물색해야 한다. 이는 종료 단계에서 급하게 진행할 수 있는 일이 아니며, 종료 단계에 급하게 진행했다가는 하자 보수가 제대로 되지 않을 가능성이 크다. 이럴 경우, 하자 보수가 추가적인 어려운 프로젝트로 변질된다. 프로젝트 진행 중에 현지 조직과 인력에게 기술 이전과 교육이 이루어져야 하므로 하자 보수 계획은 프로젝트 시작 단계부터 차근차근 진행한다.

또한, 고객 유지보수 조직에게도 충분한 교육 훈련을 제공해 프로젝트 기간 중 충분한 기술 이전이 이루어질 수 있게 한다.

하자 보수 의무는 반드시 백투백 계약 조건으로 현지 협력업체와의 계약 조건에 포함돼 있어야 한다. 협력업체와 계약에 하자보수 기간의 불일치가 있다면 반드시 불일치를 해소할 만큼의 예산이 반영돼 있어야 한다. 그렇지 않으면 그것이 고스란히 추가 비용으로 발생한다.

4.3
계약 종료 –
끝 마무리하기

부적합 사항의 시정 완료 및 최종 사용자 승인 등 계약 요구 조건이 만족했는지를 확인한다. 모든 것이 충족됐다면 고객으로부터 최종 사용자 승인을 받는다.

계약 목적물의 구축이 완료되고 예비 준공 확인(Provisional acceptance)을 받으면 하자 보증이 시작이 되며, 하자 보수 증권을 발행하고 이행 증권은 회수한다.

하자보수 기간이 만료되면 최종 준공 증명(Completion certificate 혹은 Final acceptance certificate)을 받는다. 고객에게 계약이 종료됐음을 공문으로 통지하고, 채무 및 채권 종료와 함께 협력업체와도 계약을 종결짓는다.

세금, 수수료 등 의무 조건 등에 대해서도 계약 종결 후 문서로 증빙을 확보한다. 현지의 세무 신고서 등 각종 문서는 분철해 현지나 한국으로 보낸다.

신용장이나 법인 계좌 등 금융 부문 업무도 종결하고, 법무/회계/세무 회사나 보증회사, 보험사 등 프로젝트 관련 협력 기관 업무도 종결 처리한다. 그리고 잔금을 본사에 송금함으로써 프로젝트 계약 및 재무 부분을 마무리한다.

4.4 행정 종료 – 무사히 귀환하기

수출/수입 허가의 라이선스를 종료 처리하고 전화나 인터넷 회선 등 통신 수단을 해지한다. 사무실, 숙소, 가구 등 임대 계약을 종결짓고 고지서 및 각종 허가증을 종결짓는다. 이때 반드시 증빙을 남기고 보관한다.

대사관에는 철수를 공지하고 프로젝트의 교훈(Lesson & Learned)을 작성해 프로젝트 성공 요인과 기대효과를 분석한다. 특히, 프로젝트에서 발생한 이슈와 리스크에 대해 어떻게 대응했는지, 다음번 프로젝트에서 더 잘하려면 어떻게 해야 하는지를 기록하고 데이터베이스화한다.

현지에 잔류할 인력을 결정하고 철수 인력은 인수인계를 수행한다. 마지막으로 개인과 회사의 이사를 수행함으로써 대단원의 글로벌 프로젝트를 마무리한다.

맺음말

글로벌 프로젝트와 국내 프로젝트의 차이 및 사전 위험 제거의 중요성을 강조하기 위해 시작부터 끝까지 어려움만 나열하다 보니 이 글을 읽는 독자가 글로벌 프로젝트에 대한 매력을 잃었을까 우려된다. 해외라고 해서 한국과 달리 특별할 것은 없다. 그들이 사는 세상도 우리 같은 사람들이 살아가는 세상이다.

외국인이 한국에서 프로젝트를 관리하는 법에 대해서 책을 쓴다면 한국에서 경험할 수 있는 각종 위험과 리스크가 가득한 내용으로 채웠을 것이다. 그리고 외국인들이 그 위험과 리스크를 보면서 고개를 설레설레 흔들었을 수도 있다. 그러나 막상 우리는 여기 한국에서 아무렇지 않게 프로젝트를 진행한다.

글로벌 프로젝트를 수행할 때 국내 프로젝트보다 더 많이 확인하고 챙길 것이 많다는 것은 그만큼 성장의 기회가 많다는 것과 같다. 이것저것 확인하고 챙기다 보면 시야가 넓어지는 것을 느끼게 된다. 한국은 세계 10위권의 경제 대국이고 한국 기업들도 이제는 덩치가 커져 세계 시장으로 진출해야만 지속해서 성장할 수 있는 때가 됐다. 이 책의 내용이 글로벌 프로젝트를 수행할 때 한 번쯤 생각을 정리해 볼 수 있는 계기가 되기를 바라며, 여러분의 프로젝트 수행에 조금이나마 도움이 되었으면 하는 바람이다.

부록 1

Business Speaking English
– Useful Expression

다음은 글로벌 프로젝트를 수행하면서 활용할 수 있는 유용한 표현을 정리한 것이다. 프로젝트를 수행하면서 틈틈이 활용하면 좋을 것이다.

01. Cut a deal

= to make a business deal

예문 _ Last year we cut several deals with subcontractors in Romania. (작년에 우리는 루마니아 협력업체들과 여러 건의 계약을 맺었다.)

02. Lion's share

= the largest part of something

예문 _ The lion's share of the credit must go to our SW development team, who contributed so much to successful outcome. (대부분의 칭찬은 성공적인 결과에 크게 기여한 SW개발팀에 가야 한다.)

03. Rat race

= the situation in modern society in which people compete with each other for money and power

예문 _ We get into the rat race to award this contract. (이 계약을 수주하기 위해 우리는 심한 경쟁을 했다.)

04. Point of view

= a way of considering something

예문 _ From the customer's point of view, this suggestion would be out of scope. (고객 관점에서 이 제안은 범위를 벗어난 것이다.)

05. Let's face it

= Something that you say before you say something that is unpleasant but true

예문 _ Let's face it: this customer will never accept our design. (받아들이자. 이 고객은 절대 우리 설계를 받아들이지 않을 것이다.)

06. At the end of the day

= finally

예문 _ They will accept our proposal at the end of the day. (그들은 결국 우리 제안을 받아들일 것이다.)

07. Keep updated on

= to keep someone informed of the latest news

예문 _ Please keep us updated on the SW development progress. (SW 개발 진행 상황을 계속 업데이트해 주세요.)

08. First things first

= used to tell someone that more important things should be done before less important things

예문 _ Well, first things first, let's focus on the issue we have talked about. (중요한 것부터 먼저 하시죠. 우리가 얘기하던 이슈에 집중합시다.)

09. Haven't got a clue

= Without any knowledge or understanding

예문 _ I haven't got a clue why this specific server refuses to return the value. (왜 이 서버만 그 값을 반환하지 않는지 도무지 알 수가 없어요.)

10. Music to ones' ears

= something you are pleased to hear about

예문 _ It is music to my ears to hear customer do not want that function. (고객이 그 기능을 원치 않는다는 것은 참 듣기 좋은 말이야.)

11. Miss the point

= to not understand something correctly or what is important about it

예문 _ Please do not miss the point of my explanation. I am talking about server. (제 설명의 요점은 그게 아니에요. 나는 서버에 대해서 얘기하고 있어요.)

12. By the look of things

= judging by the information we have now

예문 _ By the look of things, we cannot find out the cause of error. (우리가 가진 정보로는 에러의 원인을 찾을 수 없다.)

13. **Look on the bright side**

    = to find good things in a bad situation

    예문 _ Look on the bright side – We can reduce the error at least. (긍정적인 면을 봅시다. 최소한 에러는 줄였잖아요.)

14. **Flood the market**

    = to make such a large number of goods or services available for sale that they cannot all be sole and the price falls

    예문 _ We can buy it cheaper because it is flooding the market now. (지금 시장에 넘쳐나기 때문에 그걸 더 싸게 살 수 있어요.)

15. **Sky is the limit**

    = there is no limit

    예문 _ As long as the server can accept those code, the sky is the limit when it comes to starting this complex procedure. (서버가 그 코드를 받아들이는 한 복잡한 절차를 실행하는 데는 제한이 없어요.)

16. **Long shot**

    = something you try although it is unlikely to be successful

    예문 _ It is a long shot, but it is good try to find cause of error. (그것은 승산은 없지만, 에러의 원인을 찾는 데는 좋은 시도입니다.)

17. **Set in stone**

    = to be very difficult or impossible to change

    예문 _ Our project milestone is set in stone. (이 프로젝트 마일스톤은 바꿀 수 없어요.)

18. **Easier said than done**

    = said when something like a good idea but would be difficult to do

    예문 _ Changing requirement is easier said than done. (요구사항을 변경하는 것은 말처럼 쉽지 않아요.)

19. **Bottom line**

    = the most important fact in a situation

    예문 _ The bottom line is that we can complete this task on time. (핵심은 우리가 이 태스크를 제시간에 끝낼 수 있다는 것이다.)

20. **Wake-up call**

    = an incident that makes you realize that you need to take action to change a situation

    예문 _ Those subcontractor's behaviour are a wake-up call for managing schedule properly. (협력회사의 그러한 태도는 일정을 제대로 관리하도록 주의를 환기시킵니다.)

21. **Grey area**

    = a situation that is not clear or where the rules are not known.

    예문 _ We should remove grey area in the contract. (우리는 계약서에서 모호한 부분을 제거해야 합니다.)

22. **Get the picture**

    = to understand

    예문 _ I get the picture. So, what should we do first? (알겠습니다. 그래서 무엇부터 먼저 해야 할까요?)

23. **Falling into place**

    = things happening in a satisfactory way, without problems

    예문 _ If everything does fall into place, it can start the procedure of operation. (만일 모든 것이 딱 맞아떨어진다면 동작 절차를 시작할 것입니다.)

24. **Bring one up to speed**

    = to make someone to have all the latest information about something

    예문 _ Before we start the meeting, I'm going to bring you up to speed with the latest development. (미팅을 시작하기 전에 최근 진전된 내용에 대해 설명해 드릴게요.)

25. **Cutting edge**

    = the most modern stage of development in a particular type of work or activity

    예문 _ This software is a cutting edge solution designed to enable 32 CPU at the same time. (이 소프트웨어는 32개 CPU를 동시에 작동시킬 수 있게 설계된 첨단 솔루션이에요.)

26. **Ball is in one's court**

    = it is time for someone to deal with a problem or make a decision, because other people have already done as much as they can

    예문 _ There's nothing we can do for approval of design. The ball is in their court. (디자인 승인에 관해 우리가 더이상 할 일은 없어요. 이제 그들에게 달려있어요.)

27. Ballpark figure

= an estimate; an off-the-cuff guess

예문 _ Can I get a ballpark figure of how much it will cost? (비용이 얼마나 될지 대략적인 수치를 알 수 있을까요?)

28. Cut corners

= to do something more easily; to take shortcuts; to save money by finding cheaper ways to do something

예문 _ These types of injuries could take place when employees try to cut corners on safety rules. (직원이 안전 규정을 대충 이행하려고 할 때 이러한 형태의 부상이 발생할 수 있다.)

29. Drag one's feet

= to do something slowly because you do not want to do it

예문 _ Customers have been dragging their feet on approval of our design. (고객은 우리 설계를 승인하는 데 시간을 끌어왔다.)

30. Have a lot on one's plate

= to have a lot of work to do or a lot of problems to deal with

예문 _ I have a lot on my plate and can't take a vacation. (나는 해야 할 일이 많아서 휴가를 갈 수 없어.)

31. Cross that bridge when you come to it

= to not worry about a possible problem until it become an actual problem.

예문 _ We are too busy to worry about it. We will cross that bridge when come to it. (우리는 그걸 걱정하기에는 너무 바쁘다. 그때 가서 생각하자.)

32. **Think twice**

    = to think very carefully about something

    예문 _ We should think twice before sending the letter to customer. (고객에게 공문을 보내기 전에 한 번 더 고민해야 한다.)

33. **Hit a snag**

    = to run into an unexpected problem

    예문 _ We have hit a snag with installing servers. (우리는 서버를 설치하다가 예기치 못한 문제에 부딪혔다.)

34. **big picture**

    = the most important facts about a situation and the effects of that situation on other things

    예문 _ We should see big picture before making a decision. (의사결정을 하기 전에 큰 그림을 봐야 한다.)

35. **Right up one's alley**

    = perfect for someone; exactly what someone is best at

    예문 _ If you enjoy software development, this job is right up your alley. (소프트웨어 개발을 즐긴다면 이 직업이 당신에게 딱 맞습니다.)

36. **lack direction**

    = to not know what you really want to do

    예문 _ Since the scope had been changed, this project lacked direction. (범위가 바뀌고 나서부터 프로젝트는 방향성을 잃었다.)

37. Give someone A the heads up

    = to tell someone that something is going to happen

    예문 _ This system gives you the heads-up on the document history we have exchanged. (이 시스템은 우리가 주고받은 문서 기록에 대해 알려준다.)

38. Step in right direction

    = an improvement or positive development

    예문 _ Changing this code is a step in the right direction. (이 코드를 바꾸는 것이 올바른 방향으로 가는 첫걸음입니다.)

39. Make a note of

    = to write something down or remember it carefully

    예문 _ We will make a note of your request. (당신의 요청사항을 적어 두겠습니다.)

40. Steer clear of

    = to avoid someone or something that seems unpleasant, dangerous, or likely to cause problems

    예문 _ We should steer clear of using this component to avoid potential electrical hazard. (잠재적인 전기적 위험을 피하기 위해 우리는 이 부품의 사용을 피해야 합니다.)

41. Short run

    = a short period of time

    예문 _ Productivity could be reduced in the short run. (단기적으로는 생산성이 떨어질 수 있습니다.)

42. Have one's hand full

= to be so busy that you do not have time to do anything else

예문 _ They have their hands full right now. They cannot do more. (그들은 지금 매우 바쁩니다. 그들은 더 이상은 할 수 없어요.)

참고 문헌

1. Managing Projects across Multi-National Cultures, A Unique Experience, Dr. Alaa A. Zeitoun, page 1

2. 핀테크(Fin Tech)는 Finance(금융)와 Technology(기술)의 합성어다. 금융 서비스와 정보기술(IT)의 융합을 통한 금융 서비스 및 산업의 변화를 통칭한다. 상세 내용 한국핀테크지원센터 용어사전 참조: https://fintech.or.kr/web/board/boardContentsListPage.do?board_id=5&menu_id=80cff715ad964d278cb18282234ef5b0

3. https://medium.com/@gomedici/singapores-fintech-industry-is-on-the-way-to-global-leadership-33d1757409db

4. http://technicaltoday.in/impact-of-technology-on-communication/

5. Global Project Management, Communication, Collaboration and Management Across Borders, Jean Binder, pp. 3

6. Global Project Management, Communication, Collaboration and Management Across Borders, Jean Binder, pp. 4 재구성

7. Global Project Management, Communication, Collaboration and Management Across Borders, Jean Binder, pp. 5

8. Global Project Management, Communication, Collaboration and Management Across Borders, Jean Binder, pp. 5~7 재구성

9. PMI, 2013a, p. 10, https://www.pmi.org/learning/library/project-management-office-strategy-execution-1449 재인용

10. Global Project Management, Communication, Collaboration and Management Across Borders, Jean Binder, pp. 8

11. Global Project Management, Communication, Collaboration and Management Across Borders, Jean Binder, pp. 8~10 재구성

12. Nature, Scientific Reports, Structural and physical properties of the dust particles in Qatar and their influence on the PV panel performance, 2016.8.16, pp. 2.

13. 해외건설공사 실무지침서, 해외건설협회, 2012.12, pp. 185-186.

14. G. Hofstede, The Cultural relativity of organizational practice and theories, Journal of International Business Studies, 1983, pp. 75-89.

15. 호프스테더의 논문 "The Cultural relativity of organizational practice and theories" 내용 중 국가별 권력 거리와 개인주의 도표를 한글화함.

16. 호프스테더의 논문 "The Cultural relativity of organizational practice and theories" 내용 중 국가별 불확실성 회피 정도와 남성다움 도표를 한글화함.

17. 맥락과 문화에 대한 관계는 3.5 '갈등 관리 - 축적되는 마찰 풀어주기' 참조.

18. E. Hall, Beyond Culture, New York: Anchor Books, 1976, pp. 113-127.

19. Kelly Global Workforce Index, Global trends that shaped job choice recruitment, 2013 Annual review, "Have you changed employers within the past year?", pp. 14

20. 한국일보, "부자나라 이주노동자들 대량 실직…빈국들 비명", 2020.4.8.

21. 김윤주, 국가별 건설인력 인건비 및 생산성 비교와 시사점, 한국건설산업연구원, 2018.12, pp. 9

22. E. Hall, The Silent of Language, New York: Doubleday & Company, 1959, pp. 178-183

23. 한국무역보험공사, "환변동보험", https://www.ksure.or.kr/insur/vary0101.do

24. 신민영, 정성태, 반세계화 시대의 세계화, LG 경제연구원, 2016.11.7.

25. R. Kilmann and K. Thomas, Interpersonal conflict-handling behavior as reflections of Jungian personality dimensions, Psychological Reports, 1975, (Vol. 37), pp. 971-980.